First published in Great Britain in 2020 by:
Carnelian Heart Publishing Ltd
Suite A
82 James Carter Road
Mildenhall
Suffolk
IP28 7DE
UK

©Samantha Rumbidzai Vazhure

www.samantharumbidzai.co.uk

Editor: Daniel Mutendi

Cover image: Galushko Sergey
Image on page 3: Lindwa
Images on page 29, 55, 61 by: Irina Levitskaya

A CIP catalogue record for this book is available from the British Library.

PAPERBACK ISBN 978-1-8380480-0-6

All rights reserved. No part of this publication may be reproduced, stored in a retrieval system or transmitted in any form or by any means, electronic, mechanical, photocopying, recording or otherwise without prior written permission from the publisher.

Cover design by Daniel Mutendi & Samantha Rumbidzai Vazhure. Typeset by Carnelian Heart Publishing. Layouts and formatting by DanTs Media

ZVADZUGWA MUSANGO

Samantha Rumbidzai Vazhure

Zviri Mukati

10. *Introduction*
12. *Chishumo kubva kuna mupesvi*
14. *Kwaziso yanyanduri*
17. *Rutendo*

20. VaChifedza
22. Zvadzugwa musango
24. Unovuya riini?
27. Gurokuro
28. Shewe
30. Ngwavaira
32. Pfumvu
34. Dhemeti!
36. Rurimi gwamai
38. Magoritoto
39. MaTanzaniya
40. Nhapqwa yezvinhu
41. Chikurira
42. Mweya wesvina
43. Gashirayi nareti
44. Itii pqwe!
45. Nyeredzi yamangwanani
46. Makodo
47. Vatumwa
48. Jakarasi
49. Sunungura ngetani

50. Kugumburana
51. Korona
52. Ndedzedu kusvika tadzibata
53. Tovonana chikomana
54. Kuzvihwa wazvihwa
56. Kuitisana
57. Mbgwanana Bhen
58. Yasvotoka
60. Hatisvedzi zvokumanya
62. Umbori ani?
63. Gavakava
64. Gozho mudura
66. Murume itsikidzi
71. Musango ndodzungaira
72. Dhinhiwe, shavi raManyuchi
75. Chekai hanyanisi
76. Gomarara
77. Ndapinda machena naVhudzijena
78. Gwana gwavatete
79. Nyamasase
80. Makeke asina kirimu
82. Dhara rechirungu
84. Makanaka makadero
86. Mwadhi kumwanasikana
88. Havi yomutakura
90. Nyakajongwe
91. Maravhu namaraiki
92. Sahwira

93. Seri kwegandiwa
94. Zvidhori namavise
96. Mufokosiyana
98. Cheziya
100. Dzikirira
103. Machonyonyo
104. Chifadzababa
105. Kubaqhwa mavoko nanyakuroya
106. Mari kumusha
108. Muchinyiri
109. Ndipevo, ndozvidavo
110. Handikuzivi
112. Muzita raShe
113. Wainda Madhuve
114. Chikomba ndachera
115. Gavamwedzi
116. KuEkita
118. Mutambi woMutambo
119. Chifinhu
120. Chimusvatusvatu chimukandakavava
122. Simba rebenzi
123. Tinoita se...
124. Muvhunzo
125. Tovonana kudenga
126. Kudzika midzi
128. Chitende

130. *Zvadzugwa Musango vhunzurudzo*
136. *Karanga word translation*

Introduction

A collection of poetry originally written in Shona by Samantha Rumbidzai Vazhure. *"Zvadzugwa Musango"* directly translates to "Uprooted from their natural habitat" and explores issues and celebrations of displaced immigrants and refugees living in the diaspora.

Samantha was born in the district of Barking and Dagenham (London, United Kingdom) in 1981, to Zimbabwean parents who were studying in the United Kingdom and returned to Zimbabwe a couple of years after independence. Samantha's father is of Karanga origin and her late mother was Zezuru. Samantha spent her childhood in Masvingo, Zimbabwe where she completed her education at Victoria Primary School and Victoria High Boarding School respectively. She returned to the United Kingdom in 1999 after completing her A levels. She studied Law and Business Administration at the University of Kent in Canterbury and proceeded to study a Postgraduate Diploma in European Politics, Business and Law at the University of Surrey. Samantha works as a financial services professional. She is married to her childhood sweetheart, and together they have two children.

Having lived in the UK for 20 years, Samantha felt inspired to write Shona poetry, not only to preserve and promote the Shona language and culture, but to encourage younger generations of immigrants to feel proud of who they are and where they are from. Having studied the Shona language, Literature in English and Divinity at A Level, Samantha has always felt compelled to write. The Karanga dialect is widely spoken in Masvingo Province, Zimbabwe where Samantha grew up, and is unapologetically applied in her poetry. Issues explored through her poetry include equality, mental health challenges, abuse and toxicity in relationships, bullying and challenges of raising young families in the diaspora, to name but a few.

Chishumo kubva kuna mupesvi

Pandakahwa nyanduri VaChifedza, Mai Vazhure, vachindikumbira kuti ndipesve nhetembo dzavo dzavakanyora, ndakazvigashira pamusoro nomufaro. Fungwa dzangu dzaingoti munguva duku ndinenge ndatozvipedza. Ndaifunga kuti ndaizongoita zvekungononga zvimabhii zvinenge zvakasaririra kana kuti zvakawandisa ndobva ndavadzosera basa ravo. Handina kumbozvifunga kuti ndaizosangana nebasa rakandibata-bata nezhira dzakawanda huye dzakasiyana-siyana.

Nhetembo dziri mugwaro iri hadzibviri veduve. Kana paunoverenga zhinji dzacho hadzitani kukutora, dzokusvitsa pane imwe nzvimbo, neimwe nguva, nepandangariro, pamufaro, pakutsamwa, nezvimwe zvakawanda zvakadaro. Nyanduri ava vane madambi anoyevedza chose. Vanoshandisa zvidavado zvose panzvimbo idzi dzakasiyana-siyana, zvinoshandiswa pakudetemba. Kana vakusvitsa panzvimbo idzi, vanokusiya une dzidzo, mivhunzo, kana kuti zvitsvambe zvekuti uzvinzvere mukuita kwako pane zvako kana kuti maitire ako kune vamwe. Ndaiti ndichiverenga ndotanga kuseka. Ndichipedza kuseka ndohwa ngoni. Gare gare ndotsamwa zvekutokoka zvivukasha zvangu. Pedzezvo ndotanga kufunga ndichishoropodza hukama hwangu mumba mangu nemhuri. Ko unombozivavo here kuti chiKaranga chinotsanangura zve*romance* munhu ukatosvika pakunyemwerera uri woga? Zvirokwazvo, verengai gwaro iri hama dzangu. Dzimwe nguva ndaisvika pakuvhundukira nokuthlira vanasikana vangu kuti vachazvichengeta zvakadii nokuwanda kwakaita mapere munyika umo. Gwaro rino ihwi gobvu pakumiririra kodzero dzavanhukadzi. Rurimi gwanyanduri haguzezi kubudisa chero shoko ripi ravanenge vanaro muhana yavo. Izvi ndizvo zvimwẹ zvinofadza panhetembo dzavo.

Chero zvadzo nhetembo dzakawanda dzakanyanya kurerekera kumhuri yeZimbabwe iyo yakamwayiwa pasirose nezvikonzero zvakasiyana-siyana, zvizhinji zvezvinhu zvinotaugwamo zvinhu zvatinosangana nazvo mukurarama kwedu. Ndakatombofunga kuti pane vanhu vakawanda vakapa nyanduri mashoko ekuti vanyore nokuda kwekuti ruzivo gwavo pane zvinoitika muvupenyu hwevanhu vazhinji gwakakura chose. Chero mumwe naumwe acharava gwaro rino, achatowana nhetembo dzake dzakawanda dzaanofarira, huye dzinomupanga mazano. Ndikada kuti ndiite zvekudoma dzangu dzandakanyanya kufarira, ndikatodarika pakati pegwaro rino ndichingotsanangura chete. Kunohi wakuruma zheve ndowako. Ndiri wenyu panguva dzino. Iwe chirega zvekuyera nyoka negavi, uku kudhla kwameso nokwemuviri wako wose. Verenga nhetembo idzi nomufaro. Ndakazamavo chose kupesva ndichifuridza hundi kuti ipere. Hundi yakainda. Mumwe musi mungangozohwa motsengavo shoro dzenhire, kasi ndinovimba kuti munongozosvada henyu pasina kupedura meno.

Daniel Mutendi

Kwaziso yanyanduri

Hevoi! Mauya vana veZimbabwe! Ndoda kutanga nokutenda kukudza kwamandiita nokutsvaka gwaro rangu mukariwana. Mugwaro rino, muchashongana nenhetembo zhinji dzichakubatabatai mufungwa nomumoyo. Mune nhetembo dzinoti kusetsa, kuhwisa vurombo, kushamisa, huye kutsamwisa. Vana veZimbabwe tangova fararira nenyika dziri kure kure nokwatakabva. Naizvozvo ndinodetemba tsekwende nedzimwevo nyaya dzatinoshongana nadzo tiri kure nokumisha yedu. Dzirimovo nhetembo dzinoindirana nevagere kumusha. Gwaro rino rinobata nyaya dzekodzero nedzokushunguridziwa, dzorudo nokutemesana misoro mudzimba, rusaruraganda, kukangamwa zvatiri nemhaka yokupotera kana kupindwa nechi zvino zvino, kudzorana nokurairana, nezvimwevo zvakadero. Muchashongana namamwe mashoko anogona kushupa kutaura pane vanyarikani, zvichiindirana nokwamunobva muZimbabwe. Rangarirai kuti mashoko iwawo anodova mumutauro medu, huye kune vamwe haasvodesi, huyevo ane zvinangwa zvakasiyana siyana, sokuvheneka vukasha kana kuti mamwe mafungiro anowanzogumira mufungwa. Izvi zvinobetsera kuti tihwisise dzidziso dzanyanduri.

Nyangwe hangu ndakaberekegwa mhiri kwemakungwa, ndiri muKaranga wokwaChivi. Ndaifarira kushanyira mbuya muvudoko bgwangu, ndichidzidza zvakawanda. Naizvozvo mutauro wandakashandisa mugwaro rino wakarerekera kuchiKaranga. Manyoregwo akaiqhwa mahwi echiKaranga mugwaro rino akaperetegwa sekubgwerekeqhwa kwaanoiqhwa muchiKaranga, sezvandadonyora ndakaita mutsara uno. Kuti mubetserekane muchiverenga gwaro rino, hawano maperetero andichaita mahwi nechiKaranga:

Maperetegwo atakafundisiwa nevarumbi	Maperetegwo mugwaro rino	Mifananidzo
Dy	Dhl	**Idhla** mabagwe awo = **Idya** chibage icho
Ty	Thl	**Ndothla** magoritoto = **Ndinotya** zvipoko/magoritoto
Pw	Pqw	Ngatidhle **pqwa** idzo = Ngatidye **ipwa** idzo Zvauri **nhapqwa** chaiyo = zvauri **nhapwa** chaiyo
Tsw	Qhw	Rudza mabagwe **muqhwanda** iyi = Pepeta chibage **mutswanda** iyi
Tw	Qhw	**Ndinoiqhwa** Rumbidzai = **Ndinoitwa** Rumbidzai **Ndabaqhwa** nehope mubhazi = **Ndabatwa** nehope mubhazi
Sw	Qhw	**Qhwedera** vuno uhwe = **Swedera** kuno unzwe **Muqhwe** wen'ombe unonaka = **Muswe** wemombe unonaka
Shw	Qhw	**Ruboqhwe** = **ruboshwe**
Bw	Bgw	**Mabgwe** makuru awo = **Mabwe** mahombe ayo

Izvi ndinozviitira zvikonzero zvinotevera:

1. Kuti zvipevo dzimwe ndimi dzechiShona mukana huye chiremera, kudarika rutivi gumwe gwakashandisiwa nevarumbi pavakatigadzirira kuti mutauro wedu unyoreke.

2. Kuti zvikwanise kuchengetedza mataurigo anoiqhwa nevaKaranga. Tikasadai, mitauro netsika dzedu zvinoparara zvachose.

3. ChiKaranga chine mutinhimira unonditekenyedza nokundidadisa, zvokuti kune vasati vambochihwa, ndoda kumbokupakuriraivo hwisa yomutauro uyu mugwaro rino.

Naiwawa mashoko ndinoti, tapirigwai henyu nomutakunanzva wandakugashidzai uyu!

Ndini wenyu,

"Masiziva" - Samantha Rumbidzai Vazhure

Rutendo

Ndinoda kutenda vanotevera, vakandibetsera kuti gwaro rino rinyogwe huye kuti ribude zvakanaka:

Daniel Mutendi – Mupesvi akabata mikombe yohunyanzvi bgwokunyora nechiKaranga.

DanTs Media – Varongedzi vezvomukati nokuzhe kwegwaro rino.

Murume wangu nevana vangu – Vanondipa rudo gunondisimbisa, vanondikurudzira kunyora, nokunditendedza kumbotiza nenhambo yangu ndichiisa mukunyora magwaro akaita serino.

Hama neshamwari – Vose vasinganyari nokukushidzira chido naicho chipo ichi chokunyora.

Nyadenga – Baba vangu vari kudenga vakandisika, vanondisimbisa zuva nezuva, vachinditungamira mune zvose zvandinoita, vanondivonesa mifananidzo iyo yandinozokwanisa kuisa mumahwi, naicho chipo ichi chokunyora.

Kuna mai vangu…
Kuzhambatata kwenyu kwakashaiwa anohwa, asi nhasi
ndazoriwana hwi richapedza kushungurudzwa kose. Kufa kwenyu
kwakava kukudzwa kwedu. Zororai murugare

Kuna mbuya vangu vakandipa chipo chomutauro.
Zorororai murugare

Kumwanasikana wangu…
Wakakosha chose, asi hakuna munhu ari pasi kana pamusoro pako

VaChifedza

Zvaiqhwa Masiziva!
VaChifedza!
Vezamo guru!
Mukunda waZengeya
Save vakabva Chipinge kwaMusikavanhu
Vakayambuka Tokwe vakananga Chibi
Mambo wokupedzisira wavaNgowa maChivi
Maita VaChifedza!
Vahosi vaTavengegwei,
Chirumbgwana chomudzungairi weshambochena!
Gadzi rakabvisigwa fuma yenjiri mhenyu
Zitete ziguru!
Hanzvadzi yaKuvhirimara, wakatamira kwaMazvihwa
Kuvhirimara, Save, dambiro ravasikana
Hunga isingabatiki,
Musaigwa!
Mucheka uzere mavi!

Tinovonga!
Kuvhirimara wakazvara Tinofa,
Tinofa akazvara Chisanhu, wakagwisa madzviti kwaMapanzure
Chisanhu akazvara Chisiyawasiya, aimbeya nenyika saJekanyika
Akanemegwa kuti Majange, nenyaya yokukara majandu
Majange akazvara Musingawandi, kana kuti Chidhumbudede
Chidhumbudede akazvara Shanyurai, wakapuwa rechirungu Calvin
Shanyurai akazvara Shanyurai, wakapuwa rechirungu Charles
Shanyurai akazvara Rumbidzai, wakapuwa rechirumbi Samantha

Varipano VaChifedza!
Vezamo guru!
Hekani Masiziva!
Chishongo changu chichi!
Nyamasase vari mujinga mezuva!
Zitete ziguru!
Zvavonekwa!

"VaChifedza" is a title of respect for women of the fish totem. The original VaChifedza was a princess who married Tavengegwei of the lion totem, who in a coup took over as king from VaChifedza's father in Chivi. VaChifedza was known to have enormous breasts, which she threw over her shoulders to feed a baby she carried on her back. In this introductory praise poem, the poet traces her genealogy from the greatest female of the fish totem VaChifedza to the poet herself, who is also of the fish totem.

Zvadzugwa musango

Ehuhuweeee!
Nyarara hako mupoteri
Wakatiza hondo, zhara, nenhamo
Nyika yapambgwa namandimbandimba
Hino wodzungaira uchitsvaka gurupiro
Ruva rakazvinakigwa radzugwa musango
Kuti rishongedze ruvazhe gwenyika iri kure kure

Zvadzugwa musango
Zvakakosha kuti ruvazhe rushongedzeke
Kasizve, zvemusango zvinotoda zuva nemvura
Pamwechete nezvinovaka muviri, zvakajaigwa
Mupoteri mira kuwoma midzi, usasvava
Kungashaiwa murimo kutama kwako
Usakangamwa zvauri, zvide sezvauri
Usarasha vutsanzi, thlapanika!
Gara wakachangamuka,
Uchiyeuka kwaunobva nokuziva kwaunoinda.
Tiri vamwe, zvisikwa zvose tine vukama
Ukakuvadza wazvikuvadza
Ukakanganisira vamwe wazvikanganisira
Usakundikana murudo, ida vamwe semadiro aunozviita
Vokumusha kwako zvose nevekwawakapotera
Zvokusarura nokusema vamwe wogwedhla zviinde
Kusathla norutendo ndiyo misimboti yorudo
Taura mafungiro ako, usadzvinyiwa gurokuro
Usingarevi nhema kana kusvoda, izvi hazvibhadhari
Hwisisa simba remashoko anobuda mumuromo mako
Fungisisa usati watambisa rurimi gwako
Vungwaru nokuhwisisa kwekuzvagwa nako, kwatinoti kufemegwa
Uchavona kuchiwedzera kana ukanyaradza dzako fungwa
Simba rovuMwari rinowanda pauri
Kana ukabvisa ruzha muvupenyu bgwako
Nokuti Mwari une chizevezeve,
Chinohwikwa nevashoma vakashagwa kuita madzviti

Zvadzugwa musango
Ngazvive negakava sere gavakava
Rinorarama nhambo refu refu
Nyangwe kusina mvura mugore rezhara
Richiramba rine mushonga
Unosimbisa nokurapa ndonda nezvipfuvo
Kana razodzvagwa, nhambo ichinge yakwana
Serisakambodzugwa
Rochimbidza kubata midzi.

Ehuhuweee!
Nyarara hako mupoteri
Wakadzugwa musango kasi uchabata midzi.

"Zvadzugwa musango" directly translates to "uprooted from their natural habitat". The poem pacifies immigrants, encouraging them to not lose themselves and to remember who they are, to stay grounded and balanced.

Unovuya riini?

Mwana wamai vangu nhaiwe uripi?
Nhambo yarebesa, zvawadova Mujubheki!
Wakati uchadzoka kasi wadorovera Joni
Kwausingavonekwi kana kuchaya foni
Deno vakangokupavo vhiza revuno mhiri
Tisiri kugwadziwa nairori jekiseni.

Zvawakafambira Joni wakarega, zvechikoro
Uchiri mupenyu here nhai Chororo?

Dzoka kumusha, kwira nyangwe ndururu
Zvokwadi musi waunoti kumusha tuturu
Mahwi achashoshoma nokuridza mhururu
Makore awanda misodzi ichingoti chururu
Usipo vupenyu hunovava kudarika nduru
Vende rawakasiya mumhuri ndibgwo vuturu
Bgwotivuraya nefungwa vadoko navakuru
Waida vukuru kasi ndinizve mukuru
Tiri vatevedzani taidanana zvikuru
Kasi dzimwe nhambo waiwanza ubhuru
Ndopedzisira somukuru ndokuranga semburu
Kasi taihwanana serima nekenduru
Kwandiri iwe waitova bhururu
Kushaikwa kwako kunondigwadza muganda sefuru.

Pakafa mai ndaiti uchadzoka
Gore randakachata ndaiti uchadzoka
Mumoyo nomufungwa kumuchato ndakakukoka
Ko munun'una wako wakahwa kuti akawana?
Akachatira Joni kwauri ikoko
Zvimwe aiti tichahwa woti ko ko ko
Ko kwauri ikoko une mhurivo hako?
Ndoda kuteteresa kuvana vako

Ndava nezvangu zvana, zvizukuru zvako
Ndinogarozvivudza nezvasekuru vazvo
Tichiyeva mifananidzo mishoma yako
Jaya rangu rekuchikoro ndiye mukuwasha wako
Anoshuvira kukurovera gusvi mukwambo wako
Maita Save, hekani waro!
Chiuyazve utore mabhachi nen'ombe dzako
Maiwirirana wani, chidzoka kushamwari yako
Nhamba dzefoni handichinji nokuda kwako
Ndichiti uchadziyeuka ugofona hako
Nhumbi yako ndichiri nayo
Yawakandipa pane yedu yokupedzisira sungano
Mufananidzo wawakapenda ndichinawo.

Ndangariro dzovudoko bgwedu ndichinadzo
Ndinokutendedza kutanga kunonga nyama kana ukadzoka
Waida chikangamwahama nhasi zvokwadi watikoshiwa.

Hapana rinopera zuva ndisina kumboti dhuuu
Mhanzi dzataiteerera tichifara hedu
Nepataiburana kana waita vunhubu
Uchayevuka pandakakurova nomugoti?
Wandikava mudumbu tichitamba karati
Musana kuita seuchavhunika napakati
Simba rakanga rakawandisavo kuti tii
Ndangariro dzacho dzakati kuti.

Ko tsekwende dzataipinda pazororo kwaChivi?
Uchaziva pandakarashika tichifudza n'ombe?
Wandinyengera kutevedza gwizi
Zvokwadi musi uya ndakapinda bhizi
Ko patakanyura mudhamhu muchikepe chedhishi?
Tikarobgweswa nambuya tikati hatichazvipamhi
Chidzoka handikutongesi kana kukupenengura diti
Zvekare hazvina mhaka tongotarira mberi.

Moyo wangu unogwadziwa kani
Chidzokai Musaigwa, handichagwi nemi kani
Huyai Dziva muzotamba neni

Nyangwe zvoita sei ndodada nemi
Mwana wamai vangu chidzoka mheni
Huya nyangwe kuhope undivudze kani
Huya veduvee undinyaradze mhani
Ndoda kuziva, unovuya riini?

The poet laments the disappearance of her brother, who after being denied a visa to join the rest of his family in the UK went to South Africa to study art. After one year of studying, in August 2004, at the age of 20, the poet's brother Charles (nick-named "Chororo") informed the family by email that he had dropped out of college, was going to become a professional artist, would change his name and contact details, be out of touch for a while and would return home in December 2004. Charles never came back or got in touch. "Unovuya riini?" directly translates to "When will you return?"

Gurokuro

"Nyarara iwe kana vakuru vachibgwereketa!"
"Bvira kure iwe unotinyangadza!"
"Wakaiqhwa sei iwe? Wakazhandukira!"
"Haamiri kuzavaza mwana iyeyu!"
"Chitende chaicho, mangoyi eZimbabwe!"
Ko nhai imi vanhu vakuru, munoiteiko?
Madorivharazve rake gurokuro.

Hevoi hevoi tava muchikoro
"Mubvunzo uyo, ndoda mhinduro!"
Zvikomana zvose mavoko dzvamu
Zvisikana zvose zviso pasi ndee
"Ko zvaita sei mahwi aindepi?"
Rakavhagwazve rake gurokuro.

"Ndiani unoridza chikwee uko?
Murovora watakatsvakigwavo gore rino
Nhaka tichavonerera mumusha muno
Chasetsa chii, nyarara mukadzi waJobho
Kuita senzenza yanyengwa mubhazi!
Tezvara vako havadi ruzha!"
Matomuvharavo rake gurokuro.

Hevoi hevoi tava pabasa
"Pane zvanetsa todavo rubetsero"
Varume vose kumukuru tande
Vakadzi vose kumba kunobika manye
"Ko zvaita sei vakadzi, kasi hamugoni?"
Rakavhagwazve rake gurokuro.

"Gurokuro" is "voice box". The poet explores how the discouragement of female children to express themselves freely (a common Zimbabwean cultural trait where society is often intimidated by confident women) ruins them for life. They grow up to become shy, fearful and timid, which may result in a sense of lacking a purpose in life. Other negative consequences of this predicament include habitual liars, gossipers, lack of control over speech and the inability to keep confidential information as such.

Shewe

Kana uchida kuti ndikuti "shewe"
Wotondibata sere mbada debgwe
Woita somunhu mukuru kwete qhwere
Wosiyana nemisarinya noufeve
Uchavona kuti ndinovimba newe
Chiso changu chichigara chakati nyemwe
Moyo wangu ukausimbisa sebgwe
Uchandihwa ndichichemerera kuti "igwe"

Usaita hunhu hunoita kuti ndinyumwe
Worega kumanya manya semhembgwe
Zvisingavaki woguvura semakwene
Wovimba muneni senhekwe
Kasi usingandisemburi sechikwekwe
Hatimbofi takasiyana semasekwe
Tichagara tichingoseka chikwee
Murudo gwedu inini newe

Ini zvangu ndinongova nyenye
Moyo wangu hautani kuita mvemve
Nyaya dzorudo dzinotodavo njere
Ukafoira, mashoko anonaya pauri semiseve
Ukapasa ndokupa rudo gunozadza nyere
Ndigova newe panhambo dzakaoma sedzovugwere
Kana ukangogona zvoga izvi here
Uchandihwa ndichikuti "shewe"!

"Shewe" directly translates to "My lord", a common hallowed title by which husbands of the older generation are addressed by their wives in Zimbabwe (the salutation is applied loosely too outside of marriage, by women to men of older generations in rural areas). Men love to be adored, but sometimes they do nothing to deserve the adoration. The poet takes a feminist stance in this poem to advise men on attributes they might wish to display in order to earn some female adoration.

Ngwavaira

Tisvikevo mambokadzi Eriza, Ko Ko Ko!
Taripinda 2000, nyika haina kuguma
Ndatanga kupotera ndini kuraini kwedu
Ndiri kuzvihwa vuchi, hauzombodi
Rombo rakanaka kufamba tisina mavhiza
Ndazoikwiravo ndege, sandi kufara ikoko
Ndaigoikwira ndichiindepikovo?
Hotera yomudenga ine zvimbuzi zvisingazari
Ndadhla ndakadekara sendiri kudenga
Ndachapfanya zvose nezvandisingazivi
Kudhudhudza mabhotoro emafuro nezvapomba
Rangova dzungu, Mwari ngaave neni
Chitsva chiri murushoka, huya uzvivonere
Ramhara zimukonde remumakore
Zvisikana zvakavota magona, chisarai
Vasara kumusha tovonana Mwari achida
Kukanyanya kundinakidza vuno handiguriyo
Wangova mudungwe kunovhenekwa magwaro
Chondivhunza mutupo, chando chosvika mumongo
Bhomba jaketi, tirekisvutu chikweshe, namavhisikosi
Zvooshaya murimo maasinaibenzi okwaEdgars
Ndofamba ndichizeza zvinyoro-nyoro
Ndichidzokorora mashoko andakaraigwa
"Hongu mari ndinayo,
Ndangouya kuzororo,
Ndakamirigwa pazhe"
Muchifuva rangova bhendi, Kutamburahuda.
Vadzimu vakombora, chirungu ndasvisvina
Tapinda tapinda! Radhindiwa gwaro!
Dzvamu zigwama rangu, ndamisiwazve
Nyama nemichero yokwedu, kandei mugaba remarara
Ndapona nepaburi retsono, vamwe vadodzosegwa kumusha
Nhare tsvuku uripi?
Ndoitsvaka nemeso matsvuku
Ko Ravhu uripi? Wakati unenge wakapfeka zvitsvuku
Nhamba ndachaya yangova ngiriri ngiriri

Gume yadzimwa nharembozha, zvandabaqhwa vuyanga
Dumbu rogurukuta hino, nezhara ndofa
Nzombe ndakatengesa Bhusvumani naGwethlava
Pakangokwana yetikiti ndokusara pondo tsvuku
Ndadzungaira chiteshi chendege sango idema
Hakuna zvainotenga, pangokwana chikeke negadzike dzvutu
Kusina mai hakuindiwi, ndochivona chitsvuku
Nonge nyuzupepa ndichitsvaka mazano
Hapana kana chokubata nepondo yasara
Nange kuzvitima, kundovatiromo
Mandadzingwa ndichiburuka ndichikwira chimwe
Ndodovona sendinochinjanisa mabhazi paBhuka
Zvokudhla ndichingodhlavo zvarashiwa nevamwe
Pazuva retatu ndichigara muzvitima
Ndichangopedza kumhura vadzimu
Ndokuhwa vaibgwereketa chokwedu chaicho
Ndakandovakwazisa tikavirigwa tadova pabasa
Vaidova vana Wezhira, zvana zvavatete
Vadzimu vakakombora!
Handiukangamwi musi wandaivona, ngwavaira.

"Ngwavaira" means "misfortune". The poet assumes the persona of an immigrant who arrives in the UK as a visitor, with the intention to breach immigration laws by overstaying. The illegal immigrant arrives at the airport and the friend who is sponsoring the visit and supposed to pick them up from the airport does not turn up.

Pfumvu

Wakanga wava mwaka wechando
Ziii zvangu ndiri munyika yakwini
Bepa risingabudi, gara ndichavuya
Hungorarama sechituqhwani, ko ndingagodini?
Rungwana ngwanani ndadzoka kumushando
Kwakachena kuti mbuu namatutu echando
Maneto evusiko bgwose, mashandiroyi?
Kunetsa kwamaneja, hunenge vuroyi!
Gathla gathla ndava mumachira
Ndadzvokorana nehope ndichidzvuta inofungaira
Hadzibati chimbi chimbi muviri usina kudziya
Ndiri mumachira ndokuhwa gu gu gu gu gu
Mukova wakarobgwa nechiremera chechipurisa
Ndakazvikweva kubuda mugudza
Ndaiti imwadhi, kondaizivei hangu
Ziso nepaburi regonhi kubuda sechipikiri
Kuita serichatiza hobi ravona zvisingabviri!
Gurusvusvu remapurisa, nembgwa, nepfuti
Nhaimaiwe zvangu ndinenge ndafemegwa
Vanodarika zana, pangu pandiperera
Pane akanditengesa, mwengezhuri
Sakuramabgwe, mharapatsetse, ndiani aita izvi
Kudzosegwa kumusha? Munoita zvokutamba imi!
Ndichidzeya zano, vaiwanda somunyaviri
Nhendeshure ndichinyabgwaira, ndazara munyaviri
Svetu nehwindo reseri kwemba, hauzombodi
Namo mujecha rechando, hamundibati
Nedza Adhamu, chishoka ndibereke
Ndakakanda nhanho sembavha murokesheni
Shoka kuti nhoo sedzazogwa nhamburokishoni
Kwaku mudhuri, kwaku, kwaku, kwaku!
Muzviminda zvevarungu, pamatafura evanhu
Kwaku kwaku mumagadheni evanhu, adova mangondo
Hambautare dzochema dzakandisona dzizere mangonjo
Nesimba raSamson Kwaku! Ndichiwaruka kwaku!
Pfacha mumugwagwa uzere vanhu

Ndakanga ndava demba mumatemba
Musoro pasi, handina kunjeva njeva
Kuchikoro vainditi "musoro bhangu" ndizvo zvichandibatisa
Ngoro dzamapurisa dzaingobgwibgwita nokuti hwii hwii
Zano roga, chishuvo choga, ndovandepiko?
Demba muKariba ndichitsvaka pokuvanda
Vadzimu vakandisvitsa pamushando, seshiripiti
Shoka dzakanga dzafa kare kare, dzongoda rukwiriti
Vakashaiwa zvokutaura ndati pfacha muhwadhi
Vachiona nhumbi dzokuvatisa pamutumbi usina shangu
"Ndabaqhwa nechidzimira ndiri kuhope"
Tsanangudzo yefunzi, ko mungandidini?
Ndakachaya nhare, "muvakidzani kuri sei?"
Nhau yamapurisa ndiye katanu katanu
"Mapurisa ari kuvhima zvapupu
Muraini mune mwana akabaiwa nebanga"
Ndakatura befu ndokufonera tekisi
Ndokunamata zhira yose ndichipa kutenda.

"Pfumvu" translates to "adversity". The poet impersonates an illegal immigrant who assumes they are subject to an immigration police inquisition, escapes their home through a back window, barefooted in the snow, and sprints back to work in their pyjamas to seek refuge.

Dhemeti!

Ndakamira pano ndichiti dhemeti
Ndiri kuzhambiravo tiketi
Rekusunungugwa nevatakati
Ndoreva vanosimira zvihwasiketi
Tohwa kushinyiwa nemasiketi
Dambudziko chairo sekutsva nepitikoti
Nemhaka yokusiyana kwezviweti
Kutiita hamba, hatina kukumbira makwati
Tohwa kusemesewa neshangwiti
Dzinoti tanga wandida, uri chokoreti
Pedzezvo dzotiqhworesa mapinatsi
Mutoro wacho unorema segonyeti
Mukatinetsa tonovhurisa dhoketi
Ngatifambirane nenhambo regai toti toti
Toda kuinzaniswa, tihweivo Dhemeti

Turai yatakadengezera mitoro
Inorema semabgwe mumigomo
Toda kubuda muzvitirongo
Tipeivo mikana zvose nekodzero
Vabereki kana muchida guru goho
Rinobva muvasikana vane hunhu kwaho
Kuzvarira nezvimutsamapfihwa tinoti bodo
Dzidzisai vasikana kukosora kuti oho
Vataure zviri mufungwa nokutsi kwemoyo
Nokushinga kurava mabhuku vapedze zvikoro
Kwete kumanyira mhuri nemichato
Vakurudzirei kuzvida nezvavakazvagwa nazvo
Miviri, mweya, fungwa, nomoyo yavo
Zvekutidzvanyirira muchiti hatifungi zvine mongo
Hatichadi kuzvihwa tavungudza, tihweivo

Vabereki dzidzisai vanakomana
Vakure vari varume vakarurama
Vanamai sukai ndiro nevanakomana
Vasazobata madzimai avo sevaranda

Varairei nhau yokuinzana
Vakurudzirei kurudunura zviri muhana
Vasazopedzera shungu mukurakasha vana
Vachituka nokutaka madzimai mudzimba
Vamwe vachibhinya zvazuro zvanana
Hatichadi, tateketera, ihwaivo zvatoreva

Pasi nokudzvanyirigwa kwamadzimai
Pasi nokushungurudziwa kwamadzimai
Pasi nokusaremekedziwa kwamadzimai
Pasi nokusainzanisiwa kwamadzimai
Pasi nokusabatana kwamadzimai
Pasi nemhirizhonga mudzimba
Vana Takesure garai pasi
Nemi vana bhasa mumabasa imbomirai
Tabararadza dohwai kana tichiti Dhemeti

Handei tivone kuhondo yekodzero
Vanhurume hamusari, tinemi mumavuto
Haikundiki musipo, varume tokudaivo
Nyevenutsai hana, iyi ihondo inoda rudo
Tiri muhondo yokubatirigwa
Hatichadi hondo tiri kubitirigwa
Zvokwadi chimirai kutishungurudza
Sunugurai dzedu hana needu makurokuro
Ndimire pano ndichiridza bhosvo
Hatichadi mhirizhonga, tobvisa rukato
Tabata madhorofiya, topfidza nevunye
Ndavata mumugwagwa, ndofa here ndichiti Dhemeti

"Dhemeti!" directly translates to "damn it!" The poem is a feminist lamentation for equality and unity, where the poet expresses exhaustion and discontent over practises that put women beneath men.

Rurimi gwamai

Imi vana teererai
Ngatidzidze rurimi gwamai
Hazvishamisiri kuti bwgai bwgai
Muchibgwereketa nomumhino samakwai
Zvisingahwikwi neenyu madzimai

Tangai ne A E I O U
Ba be bi bo bu
Ma me mi mo mu
Moita ona baba namai
Harunetsi rurimi gwamai

Motsi, piri, tatu, ina, shanu
Tanhatu, nomwe, sere, fumbamwe, gumi
Awa ndiwo maverengero edu
Zama uvone unogona
Gumi neimwe inotevera gumi.

Muvhuro, Chipiri, Chitatu
China, Chishanu, Mugovera, Svondo
Awa ndiwo mazita esvondo
Pakati pesvondo unoinda kuchikoro?
Ko musi weSvondo unoinda kuSvondo?

Ndira, Kukadzi, Kurume
Kubvumbi, Chivabvu, Chikumi
Chikunguru, Nyamavhuvhu, Gunyana
Gumiguru, Mbudzi, Zvita
Awa mazita emwedzi yegore

Matsutso, Chando, Chirimo, Zhezha
Iyi ndiyo mwaka yegore
Kana chave chirimo unorima here?
Ndeupi mwaka waunofarira?
Wandinofarira ini izhezha

Kana motamba itai "dudu muduri"
Kana kuti "ara uru, ara uru"
Iyi ndiyo mitambo yokumusha kwedu
Huyai titambe pada nechisveru
Kana chivande-vande tichifara hedu.

"Rurimi gwamai" translates to "mother's tongue". The poet encourages the new generation to learn basic words and numbers in their mother language, to learn basic terms, such as months and seasons and to explore games and activities from their country of origin. This basic exposure helps to provide children/young adults with a sense of grounding, to minimise the impact of identity crisis.

Magoritoto

Kana tiri muno vanotivona samatoto
Vachitibata samakoto
Togara takarukutika fototo
Kusvoda nezvatiri samatofo

Kumusha votivona samagoritoto
Kana usina mari usasvikako
Hatichagoni kusunungukako
Nyangwe vakatipa tototo

Yedu izhara inoda gwatakwata
Kasi haridhliki takatsva hwavhu-utete
Moyo yakasungwa norukato
Hatina kwedu, tiri magoritoto

"Magoritoto" means "apparitions". The poet explores a predicament most immigrants living in the diaspora face - they feel like they don't belong back home or where they reside.

MaTanzaniya

Basa rapamusha pano ndarikoniwa
Ndakaguma kare kutamba nechimugondiya
Rushaya ndagama kushuva Giroriya
Akandichengetera vana vangu gore riya riya
Baba ndihweivo ndiri mukoriwa
Baba vepano vanogara vakakoriwa
Vakafizugwa nebasa rinovabata kwiyo
Nenivo kumushando vanondiridzira pito
Vana kwindi, mweya yavabereki haipo
Baba namai vanogara vakati mwiro
Pamba hapachina mufaro todiniko?

Makozho azegwe toita okutanyanga
Zvine mamhepo, haafi nomuchetura
Dei dziri mbeva taiteya togocha
Musha wangu wapambgwa namaTanzaniya

The poet describes a rat infestation, as a result of neglect and loss of control. The poem is an allegory of a life encapsulated with a negative energy. "MaTanzaniya" are a species of large rats that once infested Zimbabwe and were thought to have been introduced by haulage trucks that transported goods from Tanzania to Zimbabwe.

Nhapqwa yezvinhu

Rusunguko hakusi kuzvitonga!

Kana wakatiza kumusha
Wosvika kwaunoshanda
Wopindwa nezvinhu muropa
Wadova musungwa
Unodova nhapqwa
Uchiri kutongwa

Hauna rusununguko!

"Nhapqwa yezvinhu" directly translates to "a prisoner of stuff". The poet presents the idea that liberty comes from a detachment from stuff (material things) and a life without addictions.

Chikurira

Haufi wakaziva chinangwa chovupenyu bgwako
Kusvika wachera chikomba wofushira chikurira
Chero chinangwa cheraramo hauchizivi
Kusvika wakurura bhachi rechikurira
Chikurira chigwere choparadza pasi rose
Zvaunazvo, zvawakagona
Zvinofunga vamwe pamusoro pako
Umbimbindoga, chindini
Kuzeza zvovuMwari
Awa ndamamwe mabasa echikurira
Siyana neizvi ndicho chikurira
Ramba izvi kuti uvone chinangwa chovupenyu bwgako

Chikurira" is "Ego". The poet suggests that letting go of one's ego is one of the best ways to discover life's intention and one's purpose in life.

Mweya wesvina

Wakambozvifungavo,
Kuti chinohi mweya wesvina chii?
      Uchayeuka mashura akaitika,
      Paya pawakainda kudondo?
Wakamama moyo, ukasiya svina mukati!
Hino moyo wako wangova wesvina…
Svina yochururukira mufungwa,
      Zvonhuhwa kusvika nemuzviito,
      Wangova nemweya wesvina.
Tiratidze pawakafushira moyo!
Tingangomuwana usati wavora!
Tikutsemure chifuva tiudzosere!
      Zvemweya wesvina uregere!

"Mweya wesvina" directly translates to "evil spirit" but could also mean "smell of dirt". With narcissists and sociopaths in mind, the poet interchanges these meanings to highlight that even the nastiest people can find their hearts and discard their evil behaviours.

Gashirayi nareti!

Imi! Imi! Oyi! Gashirayi nareti!
Makatsemura moyo wangu napakati
Munoita sokuti hamuna moyo mukati
Zvokwadi kundiita somutakati

Batai zvakanaka musaiwisa
Makagona chose kundishuwisa
Ndanyara zvino nokuzvishingisa
Chiso ndongogara ndakashinyisa

Ndanga ndakavata ndahopepuka
Kasi ini hangu handigoni zvokutuka
Mirairo yenyu isina basa ndoisvetuka
Kusvika hurumende yenyu yakutuka

Munoita semakatendevuka, ndosaka ndichipano
Kasi moyo wangu hauchisiri pano
Naizvozvo hechino chipangano
Moyo wangu kasikai kuusona, musaita chinono

Handidi kuvona nyangwe chigamba
Monyatsosunga musasiya wakadhamba
Mosiyana nokuda kuiqhwa gamba
Musandiisa pamuyedzo mondipa munyama

Sonayi henyu moyo wangu katatu
Mapedza mosukurura vukasha mukati
Muusiye wachena sesosoti
Imi! Imi! Oyi! Gashirayi nareti!

"Gashirayi nareti!" directly translates to "Take this needle!" The poet assumes the persona of a woman fed up of subtle and hidden abusive tendencies, and reminds the perpetrator who seems to have improved but often slips back to his old ways, that the only reason she is still in the relationship is for him to proactively mend her broken heart, change his ways and not cause further damage.

Itii pqwe!

Ndini Masiziva ndarova bembera
Ndanga ndakavata ndahopepuka
Ndati ndikurumei zheve, tisati tainda kure
Gwendo guno handina kudoma mazita, ndahwe ngoni
Kasi vanoramba vachiwanza unhunzvatunzva
Nevanoindirira ini ndambovaregerera
Ndinokushashikai pachena somufusha wetsunga
Muri semi vechikurira hamunetsi kunyadzisa
Iyemwi vedhirama rinosembura
Hamuhwi, kasi ndadokuvudzai
Vane zheve vandihwa
Itii pqwe!

"Itii pqwe" is a Shona expression which translates to "dare me!" The poet expresses that she is on the brink of naming and shaming repeat abusers and offenders.

Nyeredzi yamangwanani

Ndinoziviva kuti misi haifanani
Zvimwe wavirigwa uri kukambani
Kasi dzikachaya naini dzamadekwani
Usati wafona kana kusvika padheni
Kune kwauri kutotsvaka punani
Zvikurusei wabuda wakapfeka jini
Ndakambokutukira iyoyi fashani
Ndikambokubinha nebhobhojani
Pandakakubata wakamira naKoni
Nepawakanonoka uchitamba naThulani
Ndakatozokurega wandidanira majoni
Zvaidini kugwadza kanjani?
Pandaikukava ndichiti kamani
Uchichema sewatosvogwa neonyeni
Ndakakuvudza kuti siyana nestonyeni
Haunyari nokutsvaka zvimainini
Usipo zviri bhizi nezvibabamunini
Unoda kutitsvakira mukuthlani
Handidi ini vupenyu bgwekwinini
Hauteereri neiko mufanami?
Risati rarira jongwe ramangwanani
Paunosvika kumba makuseni
Ndakakumirira nenyeredzi yamangwanani.

A poem reflecting the abuse of men by their wives or partners, a growing trend in the diaspora. In this poem, an insecure wife who thinks her husband/partner who is out late, is cheating on her with other women, threatens that upon his return, she will be brandishing a "nyeredzi yemangwanani" (morning star – a spiked ball medieval weapon).

Makodo

Hakuna chinhu chinondigwadza moyo
Nokunditemesa musoro
Somunhu anosiya nyama pagodo
Ndati ndizviise mudetembo
Ini kana ndangoiwana ine makodo
Ndinenge ndadopinda pamushando
Kungava kuhuku kwaNhando
Tichiisevesa nejipi nyoro
Panhau iyi usandiitira godo
Ndangoibata inodova hondo
Kana kumba kwangu ndoikanga mubhodho
Kana kuigochera hangu pamoto
Tichidhla dzakasiyana siyana mhando
Handina hangu hanya nenhengo
Nyangwe ichingova namakodo
Nyangwe yaqhwera ichifazha pachoto
Yavorera yodonha nhando
Tichiisevesa hedu namapotato
Zvana zvevuno hazvizivi zhara bodo
Kuruma-ruma nyama semakondo
Ari kudhla chitunha mujinga megomo
Kutambisa nyama sezvishoko
Zvakudubura yanga ichikangwa pagango
Pasiiwa pasina munhu pamoto
Neuya anga ambomanyira kudondo
Haiwa dzinongova hadzo nyambo
Dzavanosiya nyama pamakodo

"Makodo" directly translates to "bones". The poet employs humour and poetic diction to express her love for meat on bone.

Vatumwa

Umwe neumwe panyika mutumwa
Ane zvaakatumwa naiye Musiki
Nyangwe uya anonyangadza
Ane zvaakatumwa noMusiki
Usapedza nhambo uchinetseka
Zvose izvi zvakarongeka
Dzidza kuregerera vanokutadzira,
Nokuti vose vatumwa.
Asi hazvirevi kukangamwa.
Chose chinoitika haasi masanga
Angava mashura kana zvishamiso
Ingava hama, shamwari kana muvengi.
Nyangwe newevo uri mutumwa
Basa rako kudzidza zvawakatumwa
Ukarega kuita zvawakatumwa
Rima richakunetsa kusvika wazvidzidza,
Zvakarongwa kare, saka rega gakava
Nyevenusa moyo, awa mazvokuda
Chikuru rudo mumabasa ako ose
Ukaita izvi wapedza zvawakatumwa
Tiri vamwe, vatumwa voMusiki.

"Vatumwa" directly translates to "messengers". The poet explores the metaphysical subject of oneness, synchronicity, purpose of life and being connected to the Source of all energy, God.

Jakarasi

Kune zirume jakarasi
Rinoitira mudzimai waro jerasi
Mangwana romuvaka somudzidzisi
Pedzezvo romuitira vujon'osi
Kuqhwerodutira mugondorosi
Kusiya mukadzi mumba seasina kusi
Kumusvibisa moyo semvura yaMukuvisi
Rinozviziva here kuti kunoyera nyasi?
Zuva nezuva rinobikigwa sadza regorosi
Richisevesewa neyakagochewa bhuruvhosi
Rapedza rotanhigwa mahabhurosi
Nokuwachigwa mahovhorosi
Kasi sesvukukuviri harina kana fokasi
Harisiyani nechingangirosi
Hunhu hunonhuwa segupfuche remasvokisi
Zvaari mabasa adhyiyabhurosi
Rinozhamba rikahwa nhau yedhivhosi
Kasi mangwana roti zvemukadzi nikisi
Zvarinovava sechibhokisi
Kutisungisa zviso setatsenga mapiritsi
Hakuna ungariitisavo kosi?
Yokubata nyamasase samakosi
Tisati tarikanda muna Tokwe Mukosi

"Jakarasi" translates to "jackal". Jackals are cunning, opportunistic predators that are difficult to trust. This poem describes men with jackal tendencies.

Sunungura ngetani

Fungwa dzako chitokisi
Chakakuvharira zhira sema sipokisi
Chakakudzvinya shoka semasvokisi

Chiteerera ini mudzidzisi
Ndikuvudze zvausingafundisiwi nevafundisi
Ukasateya zheve haundihwisisi

Iwe woga ndiwe ungarikiinura
Ngetani rakakusunga sunungura
Fungwa dzako ita dzokupenengura

Zvide nomoyo wose
Iri ndiro basa rako mazuva ose
Usakendenga zvinofungwa navanhu vose

Ziva kuti kukanganisa kuri muvanhu
Ukakanganisa uchiri munhu pavanhu
Rega raramo yokufadza vanhu

Rega zvinhu zvisingakubetseri
Dzima fungwa dzisingakubetseri
Sekukura uchinzi haubetseri

Ziva kuti kuipa kwezvimwe
Kunaka kwezvimwe
Hakuchina zvimwe

Chinhu choga chakakusunga ingetani
Rinoita serakatumwa nasatani
Riri mumusoro mako ngetani

Sunungura ngetani!

"Sunungura ngetani" translates to "release the chains". The poet presents the idea that liberty is in your mind and only you can unchain it. Once you free your mind, you will live a life full of joy.

Kugumburana

Muromo wandonyegwa mumhino
Pane zvavagumbura mai, ndi baba chete
Kasi havatangiki kana twavo twakwidza
Vongosevenza hino sevasvikigwa

Mai bate muchivuno namaneto
Baba riva ravo vodoteya
"Gezai ngosikadzi ndikwize musana uyo"
"Ehoi shewe, ndazvihwa"

Gaba ramafuta ragukuchigwa sepane rudo
"Vatai apa ndisvinyange muviri unodzimba"
Vokwiza musana uya sevane hanya
Vokwira musana uya kuti vasvikire

Gare gare baba vagumbugwavo
Vadowira ndokunyura mugaba revuchi
Vainda havo nomukova weshure, zvakaipei?
Mai hasha tsve sevasakambogumbugwa

Ndiko kugumburana kunoitika mudzimba.

"Kugumburana" translates to "upsetting each other" or "tripping". The poet interchanges these meanings to explore a common method of making up in romantic relationships when couples are mad at each other.

Korona

Ukashingirira uri pamuchinjikwa
Usina kana zvauri kuchinja
Haudzamari wawana korona

Unodhonogwa
Fungwa kuporongwa
Kuwira mugoronga

Chinohi regera ndechiri muruvoko
Chisina mwongo hachina ziya
Kutsvaka huwana

Saka ukashingirira
Uine zvauri kuchinja
Unodzamara wawana korona

"Korona" translates to "crown" There is a Zimbabwean religious hymn which encourages sucking up to adversities on the cross (like Jesus) until you're awarded a korona (crown). The poet advises that situations don't change unless you take active steps to change, especially in abusive situations.

Ndedzedu kusvika tadzibata

Dzipeivo kodzero, veduveee
Mutongo wadzo, tapota, siirai Nyadenga
Dzisunungureivo mutisunungurevo
Dzirege kutirevera nhema zuva nezuva
Dzirege kutishungurudza mudzimba umo

Dzinoshingaira vedu, kuzama kutivaraidza
Ko ndidzo dzisingadivo kudiwa nemhuri?
Kasizve dzinonyepedzera kutida tinozvivona
Zvariri Gehenna nhaka tofiramo
Rudo gusiri gwomene gunoshungurudza

Zvadziri nhapqwa mumichato
Dzakapambgwa novupenyu bgwokumanikidzira
Dzinobitirigwa needu magudza
Dzotivuraya nezhara yebonde
Isu todofunga kuti takapera muto

Tigere hedu nadzo dzizegwe mudzimba umu
Dzotituka, kutirova nokutishungurudza
Tinozviziva parizvino ndedzedu
Dzinotirevera nhema tichizvivona hedu
Kusvika musi watichadzibata hedu

"Ndedzedu kusvika tadzibata" translates to "They are ours until we catch them". Due to lack of gay rights in Zimbabwe, a lot of gays and lesbians find themselves in mixed orientation relationships where they inadvertently emotionally abuse their partners, due to long term frustrations with regards to their sexual identity. In this poem, the poet pleads with the powers that be, to liberate gays and lesbians, recognise they are human and leave judgement to the One who created them.

Tovonana chikomana

Kana rusunguko gwangu
Guchikuvhundusa

Kana chivimbo nokuzvitemba kwangu
Zvichikutemesa musoro

Tovonana chikomana!
Muchirungu tinoti *"boy bye"*

Ini munhukadzi,
Ndiri mufadzi.
Ukasapabata,
Une mamhepo badzi,
Huye uri chanana,
Chimutadzi!

Ndiri nhengo yakazvimirira
Usada kuvhiringidza maitiro angu

Ukada zvekundishungurudza
Ndokupa chigumwe chapakati

Tovonana chikomana!
Muchirungu tinoti *"boy bye"*

"Tovonana chikomana" directly translates to "Boy bye". A self-empowerment poem for women who have to deal with men who feel threatened and don't know how to relate to confident strong women.

Kuzvihwa wazvihwa

Mugoni wepqwere ndeasinayo
Vuno mhiri vabereki vane dambudziko
Kune mitemo inodzivisa kurera
Aya marerego atakavona isu
Akaita sokunyapudzigwa magadziko
Taiva nhire chose isu
Hino tongopona nokuvhundusira
Neriya ziso rinoti, "kuzvihwa wazvihwa!"

Wageza here nhasi shamwari?
"Kunotonhora handigezi nhasi mhai"
Waverenga here nhasi mwanangu?
"Ndohwa musoro nhasi mhai"
Wambobuda pazhe kutasanudza muviri?
"Bodo terevhizheni nhasi ndiyo ine dhiri"
Wawaridza paunovata here?
"Handiti ndini ndinopavata here?"
Bodo tsvo, ini Masiziva handihen'o!
Kwete newandakazvara ndati ini handihen'o!
Kana woda kuita muparanzvongo
Ndongoti neriya rangu ziso, "kuzvihwa wazvihwa!"

Mufudzi wembudzi anopuwa zheve!
Hino tovavhura seiko zheve?
Ava vatisingagoni kumonyorora zheve…
Tovaraira seiko ivo vana sisi?
Avo vanokurira munyika yezvimisisi
Tovadzidzisa seiko vanakomana?
Vokurira vuno kusingarobgwi vana
Kushunya kana kurova, vuno hatidero
Kudobvisa zvinofadza, kuti vavone hatidero
Wodoshinga mubereki, vuno shamhu hatidero
Naiwawa mashoko, kuzvihwa wazvihwa!

A poem exploring the challenges of disciplining children in the diaspora, using methods that are non-abusive and compliant with the law. The issue is viewed as a challenge by most African parents living in the diaspora, because they were raised by the hand (i.e. use of corporal punishment) and this is the most natural way they know to instil discipline in children. The poet advises holding back from corporal punishment and nurturing children instead. "Kuzvihwa wazvihwa" translates to "You have heard".

Kuitisana

"Hakuna chaanoda kuzhe kwebepa rangu"
"Ndipe bepa ndigoita muranda wako"

Ndiyo bvumirano isinganyogwi pagwaro
Patinopinda mune yokuitisana michato
Iyo inopedzisira yatisunga moyo norukato

Kuita raramo yomuchitorongo
Basa hungotenderedzana misoro
Vana vokumusha kubatana sezvikorobho
Nemhaka yokunetsa kwamagwaro

Iwe muranda
Bonde unonyimwa
Mari unotoregwa
Rudo haupuwi
Hino wodini gwaro uchirida?

Iwe mubati webepa
Ko unoregerei kutsvaka asina chaanoda?
Kuti usathla kushandisiwa
Kuti umude nomoyo wako wose
Kuti uhwe kutapira kunoita rudo gomene
Mazuva pasi pano mashoma

Shumba kushaiwa mhembgwe inodhla hamba
Kana muchiziva kuti muri kuitisana
Kuitisana kuya kunoda kugarisana
Ko moregereyi kuchitongodanana zvomene?

Kuitisana directly translates to "using each other". The poem explores visa dependency abuse.

Mbgwanana Bhen

Ko nhai mai imi
Mwana waani wamakambundira?

Ko zvachinenge chanana Bhen
Sahwira womwana wenyu Gwen
Chana chazuro Bhen
Chamakore gumi Bhen
Ndochomodzidzisa umbgwa?
Mai vake vachadhla mbgwa
Ko mukamupa chigwere?
Kana imi kubata chimimbamutekwe?
Svodai kani mai imi
Siyai Bhen akure nhaimi
Munonyangadza mhani
Namabasa enyu echihedhen
Sunungurai Bhen

Mbgwanana Bhen

"Mbgwanana Bhen" translates to "The puppy Ben". The poem rebukes the predatory behaviour of older women targeting men young enough to be their sons, for love affairs.

Yasvotoka

Mazuva awanda tichishongana
Chokuno chando chinotoda kusasana
Hino zvabhadhara mbeu yabata
Ndonhuhwigwa chose, ndoqhwera ndakavata

Maita henyu Baba madavira minamato
Yangova fare fare mhuri yose kana bopoto
Tamirira hino mwedzi mipfumbamwe
Kuti nechedu chana tive pamwe

Makorokoto! Makorokoto! Nyika yopembera
Hekanhi waro vatigonera Baba
Vanoruka nokukirosha basa tangai
Vasingagoni zvamavoko, zvinodiwa tengai

Mwedzi yafamba changu chana chokava
Chinogona wena hino ndoziva chofara
Pachinoti zii, ini mvura ine chando imwei
Gare gare kave, ini zvangu farei

Pepu pakati povusiku ndahwa kunyorova
Bate pakati wanei ropa machakwi
Baba kana mamutora mandiorora
Hino ndozhamba hapana chandichavona

Pfacha pachipatara, tibetsereivo!
"Kwete hazvigoni titerereivo
Kana yosvodza hapana zvokuita
Namatai henyu pamwe zvinomira kuitika"

Mazuva afamba hino, chibereko vhurika
Hana vateerera kwahi hakuchina
Mimba yogwadza kasi chokutarisira hakuna
Gomera mwanasikana mutumbi wemwana

Chabuda hacho chirumbgwana
Chakasimba hacho, kufana nabambo
Matirovereiko neino shamhu Bambo?
Todini hino yangova misodzi?

Pfacha pamba, wanei izarima
Totangazve here? Yangova kwindima!
Mwari tiomesei misodzi yotosvora
Yanga yatokura kasi mimba yasvotoka

A poem about miscarriage and the emotional turmoil it brings. "Yasvotoka" directly translates to "It slipped".

Hatisvedzi zvokumanya

Nhare yarira, "mhai huyai munditore"
Ko zvaita sei? Hapana nguri ndakusiya kuchikoro
"Varungu vaya vatanga, ndapingwa ndikawa"
Kwete mwanangu, gara kuchikoro
Ndikakutora tinenge tatenda kudonha
Ramba wakashinga, hatisvedzi zvokumanya

Tagara patafura, ndovona misodzi mokoto
Ko zvaita sei? Zvawambenge wakafara!
"Varungu vaya vatanga, nhasi ndatendekwa nebanga
Kwahi neganda rako rakasviba, wasvibisa chikoro"
Kwete mwanangu, kuchema handiyo mhinduro
Mangwana chaiye pachikoro pako ndinomhara
Mukuru wechikoro ndosiya ndamupedzera
Ramba wakashinga, hatisvedzi zvokumanya

"Mhai nhasi ndogwara, kuchikoro handikwanisi"
Ko panodzimba ndepapi tiinde kuchipatara?
"Changu chigwere hachirapiki, ndakasiyana navamwe
Changu chigwere ndirori ganda rangu, ndodii ndipore?"
Ihwa mashoko angu, haugwari mwanangu
Wakanaka wakadero neganda rakadero
Ndonokusiya kuchikoro udzidze nesimba
Vanoda usare shure, kasi izvo ndazviramba
Ramba wakashinga, hatisvedzi zvokumanya

"Siyai hambautare kure kana movuya kuhonditora
Ndochovha bhizautaure, pane kuti muvuye kuhonditora"
Ko zvaita sei unoda kufamba muchando?
"Vanonditi tinoba, veganda rako havafambi neyakadai"
Hino chiteerera mwanangu mashoko amai vako
Vanotiti tinoba nokuti ndivo vakatibira
Hino tava munyika muno tichivinga zvavakapamba
Hakuna kwatinoinda, kuno ndiko kwadova kumusha
Ramba wakashinga, hatisvedzi zvokumanya

A poem about the challenges presented by racially inspired bullying in schools and the encouragement to call it out and never giving up. "Hatisvedzi zvokumanya" literally translates to "we don't easily slip".

Umbori ani?

Muviri ibhachi
Raunopfeka musi wokuzvagwa
Woriguvura musi wekufa
Uyo waunovona mugirazi sandi iwe
Hino umbori ani?

Zvaunazvo zvose zvinotoreka
Zvaunogona zvose zvinokundika
Zvaunodada nazvo zvinodopera
Zvose izvi sandi iwe
Hino umbori ani?

Wakasikwa nomufananidzo woMusiki
Musiki mweya, munhu wose mweya
Zvapasi zvinopera, muviri ugovora
Kasi mweya hauperi
Uyo ari mugirazi anopera
Uyo ane zvinhu anopera
Chengetedza mweya
Iwe ungori mweya.

"Umbori ani" directly translates to "who are you?" A metaphysical poem exploring who we are. As spiritual beings having a temporary earthly experience, we are not defined by our achievements or by what we have.

Gavakava

Kunaka kwegavakava hakuna gakava
Kunakisa pamusha namaruva aro aya
Nyuchi nezvipuka zvichitamba pariri
N'ombe nezvipfuvo zvichifura pariri
Kunaka kwegavakava hakuna gakava

Kunaka kwegavakava hakuna gakava
Kana ukarimwa rinopedza vugwere
Kana ukapa huku, dzinofuma dzanaya
Kana uchinge watsva, zora rinopodza
Kunaka kwegavakava hakuna gakava

Kunaka kwegavakava hakuna gakava
Kana kukasanaya rinoramba rimire
Kana kukanaya rinobuda maruva
Kana ukarikangamwa iro harikukangamwi
Kunaka kwegavakava hakuna gakava

"Gavakava" is an "aloe plant". A poem appreciating the beauty and usefulness of an Aloe.

Gozho mudura

Ndaiti ijangano
Waimbondipavo bhifi kubhodhin'i
Ndahwa kuti uri vuno, ndakafara maningi
Ndikakuti huya ndikuvone
Ndichiti uchiri munhu
Kuri kusaziva wakanga wava chimbgwamupengo
Pfacha pachiteshi usina nyangwe gwama
Ndaiti zvimwe uchadzokera zuva iroro
Vhiki bha usina kwawainda
Inivo mishando zii, sango idema
Apa wakavuya wakabata mavoko
Nyangwe zvomukati wakavuya usina
Pava paya wozondijekesera
Kuhama dzako wakasiya wapisira
Ndokukuhwira vurombo ndichiti uchiri munhu
Nhare yangu kutambisa uchitsvaka zvikomba
Nhumbi dzangu dzokufambisa kudziita dzokuvata nadzo
Magwaro angu ndokutora ukandotsvaka basa
Waqhwora mari yako, tsve kundibetseravo
Basa kutenga tunonoka netusina basa
Chinohi kanzatu wakambochihwavo?
Chinohi bhajeti unochizivavo?
Mafuta angu kupedza sewaidiridza maruva
Mifananidzo yangu kuironga madiro ako
Kasi mumba usingatsvairi marara ako
Kutonditongesa ini seuri mumba mako
Chikafu uchichapfanya segozho riri mudura
Usingasuki ndiro kundiita wako muranda
Ndakazama kukuudza kuti chamahara mushana
Kwapera mwedzi miviri ndakanga ndapfidza
Zuva nezuva kwindima uri mumba mangu
Vusahwira bgwatetepa nehunhu hunonyangadza
Nokuti bgwako hunhu bgwaindinyangadza
Hapana chinozipa chisakazvimbira
Rimwe zuva wabuda, ndakazvibetsera
Wakawana ndatama, ndakusiira dura.

"Gozho mudura" translates to "A rat in the granary". The poem is about a visit from an old friend from back home who knows no boundaries and outstays their welcome.

Murume itsikidzi

Dzakashaura pamuchato
Chembere dzokwaChivi
"Murume itsikidzi! Murume itsikidzi!
Toooooozokuvona washakara!
Vatete torai mwana ndibike,
Rambei kwindima!
Vatete torai mwana ndirime,
Rambei kwindima!
Toooooozokuvona washakara!"

Nhasi dzamunonga ashakadziwa
Naiyo tsikidzi yaakazvitsvakira
Zvakuri kurumwa nechokuchera!

Tsikidzi!
Inotanga yakunyudza murudo
Igokukambura kambura sovuchi
Igokuita mambokadzi
Ichichera hayo zhira kumoyo
Ichinge yakupinda muropa
Yochitanga mabasa ayo
Ichiruma muzarima
Ichiqhwera yakavanda muchiedza

Tsikidzi!
Kungwara sengwarati
Kugwadza segwirikwiti
Kuita mashura namashiripiti
Kusiya vupenyu bgwomukadzi chava chapqwititi

Inoregesa mukadzi basa
Igonyima mukadzi mari
Igogara yakatsamwira mukadzi
Igofeva nehama dzomukadzi
Isina hayo nyadzi
Nyangwe navanyarikani haizezi vupombgwe

Nyangwe kumushando haibudi mumarokwe
Nyangwe muzvitima hungochonyana nenjapisi
Apa zibenzi risina simba
Rinosiya mukadzi asina kuguta
Nyasi kugara kuchingovhuta
Chivona hino mukadzi wadofuta
Nokuti yakarera madokudhla
Ijinyu rengomwa inosembugwa nokutarira
Chiso chomukadzi wayakarovora
MaKaranga isvitsei chipikiri!
MaZezuru igashidzei mugondorosi!
VaRozvi ipeivo muchemedzambuya!

Tsikidzi!
Inoitigwa vana
Yokuti wosemesa
Yokurambidza kuyamwisa
Ichida iyo zamu
Jengamayi ngaidzokere kunamai vayo!

Inoti wakoresa
Kana kuti wawondesa
Inosvodesa mukadzi
Igotuka mukadzi
Nokudzikisira mukadzi
Igorova mukadzi
Igoshungurudza mukadzi
Igoitira vana shanje
Igomurambidza shamwari
Zvose nehama dzomukadzi
Kukwikwidza nomukadzi
Kunyima mukadzi bonde
Kana kumubata chibharo
Kupomera mukadzi mhosva dzose
Kuramba mhosva dzose
Kuramba kubetsera mukadzi
Kumhura mukadzi
Kuranga mukadzi
Kutonga mukadzi

Woibikira mafidhlongo, haitendi
Nyangwe uri mudzimai kwaye
Womuna Zvirevo makumi matatu nerimwe
Nyangwe pamusha riri rifa
Unodohwa yoti
"Unondibata sembgwa, ndiri mambo ini;
Haugoni, unokundwa nanhingi"

Nhare inogara yakapakatwa
Chifuva namagongi chakapakatwa
Mukadzi oshuvira kuicheka nebakatwa
Ko kuudza mudzimai paanokoniwa
Kwindima kana kuda kuzvihwa
Ko kumupa gupuro ainde?
Shanduke, wombodiwazve
Nhasi mufaro
Mangwana magwadzo
Nhasi wanya
Mangwana sori
Nhasi inotekenyedza
Mangwana inovava
Chamupupuri chaicho
Kutenderedzewa musoro
Kudhondoroswa dhondoroswa
Kusvika wava dhunyasi
Haufi wakaziva paumire chaipo
Muchato kuita Gehenna
Nokuda kwetsikidzi yapinda muropa

Kusvetewa kusvika wakangamwa zvauri
Kusvetewa kusara wagwamba
Kupedzewa simba kusvika woshuvira rufu
Kumwiwa ropa nokusingaperi
Tsikidzi yiyi haiguti bodo

Chakapudukira, huye hapabviki
Unozvivudza aniko?
Unongohi "gomera uripo"

Shumo yokwedu inodzidzisa
"Kurumwa netsikidzi rambira mumba"

Ko tsikidzi inoregereiko kungotanhaugwa?
Yakatiparira shumo yokwedu
"Kugwa ndiko kuvaka, murume nomukadzi vanogwa vachibikirana"

Kohotivo tariro
Tariro yorudo
Tariro yomufaro
Tariro yomurume akakwana
Tariro yokuti zvichapera
Tariro senjuga yakagurikira
Tariro
Inongova tariro
Kohotivo tariro

Musoro kutema
Vura kusungana
Makumbo kuzvimba
Dzoro rangova mhazha
Meso piriviri
Mapundu pachiso fararira
Hapachina nyangwe manhingirikiri
Nyama yazvikoniwa
Mweya wazviramba

Rabada panhovo yorufu
Wangomirira nguri
Watarirana hino nomumvuri womupata worufu
Hecho chiyedza chamagumo
Wotandadza hako mwanasikana
Wakananga kwaMupfiganebgwe
Worangarira mahwi makukutu aManyuchi
Kune yake tsikidzi Jeyi Zii

"Saka uchati kudini parufu gwangu,
Zvauriwe wandivuraya?
Hapano pavete mudiwa wevupenyu bgwangu

Wandakapqwanya moyo
Pasina pfuti yakanditendeka nhongonya
Vavete apa mai vevana vangu
Vapenyu uye vakafa
Zorora murugare chido chemoyo wangu
Chandakabata sechikorobho
Chaiva nomutakunanzva wenyini
Kuvata chakasvinura nokuda kwemisarinya yangu
Kushurikigwa ndiyo fuko yechitunha chake
Mwari vake vaimuhwa
Minamato yake yadavigwa
Denga rake richamuda zvirokwazvo, zvisina kurasiswa
Dota kudota
Huruva kufeve".

"Murume itsikidzi" translates to "a man/husband is a bed bug". The poem raises awareness of emotional, verbal and physical abuse of women in marriage and romantic relationships, usually inflicted by men with narcissistic, misogynistic and sociopathic tendencies. Sadly, most women cannot speak up or recognise abusive behaviours due to their individual upbringing, restrictive cultures and other reasons. If left unresolved, abuse may result in illness, which may be fatal. Quoted words in the final stanza are lyrics directly translated from Beyoncé Knowles "Lemonade" album (Poem: Apathy, written by Warsan Shire), in accordance with the CMSI Code of Best Practices in Fair Use for Poetry. NB. Beyoncé's name is translated to "Manyuchi" by the poet, a befitting praise name illustrating that Beyoncé is Queen Bey (bee), a female icon who empowers other women.

Musango ndodzungaira

Nhaiwe, uri mwana wokwani?
Ndiri mwana wokwedu kasi
Ndakatengesewa kwandakawanikwa
Musango ndodzungaira

Nhaiwe, kumusha kwako ndokupi?
Ndakazvarigwa Hingirandi kasi
Ndakakurira muZimbabwe
Musango ndodzungaira

Nhaiwe, mhuri yako ndeipi?
Ndine vana vamai vangu kasi
Ndine murume nevana vangu
Musango ndodzungaira

Nhaiwe, unoshandepi?
Ndine kambani yangu kasi
Ndinoshanda kumahofisi akasiyana siyana
Musango ndodzungaira

Nhaiwe, unopinda chechi ipi?
Ndakabhabhatidziwa kuDhachi, ndikakura ndichipinda Hwisiri
Ndakachatira muRoma asi ndakura ndopinda yandada
Musango ndodzungaira

"Musango ndodzungaira" directly translates to "Wandering in the wild". A poem about identity crisis.

Dhinhiwe, shavi raManyuchi

Ndiri mwana kwaye ini
Akatsiga
Akaraigwa
Anogona
Kasi...

Tose tose tinofizuka
Kushingirira haisi nyore
Chakafukidza dzimba matenga
Dzimba dzizere mboko nembiti!

Ndichiri kutemwa dzinobuda ropa ini
Kana ndadzimbigwa angu maronda
Ndoreva mhezi dzorudo dzinobuda vugwa
Ndinosvikigwa naManyuchi ini!

Kana ndarukutika
Rinondibata shavi rovudhinhiwe
Ndinoerekana ndava mumukoko maManyuchi
Mumiriri wemadzimai ari kuitigwa chimhata!

"Chii chiri nani, shanje kana kupenga?
Shanje kana kupenga?
Zviri nani kupenga!"

Nxaaaaaa!
Usandibata
Usataura neni
Usanditarira
Usauya pedo neni
Usandi...

N'iiiiiiiiiiiiiiiiiiiiiiiiiiiiiiiiiiiiiiiiii   N'a!
Warumwa!
Aaaaaaaaaaaaaarrrrrrrrrrggggghhhhhh!!!

Hakuna hakuna! Hakuna hakuna!
"Ndine vurombo, handina vurombo"

      Ah, mutodo wako ndinenge ndaupisa nhai!
      Ah, nyama yako yaunodisa yatsva nhai!
      Ah, foni yako ndaitsika ndisingaoni nhai!
      Ah, mafirimu ako angodzimika oga nhai!

    "Ukandikuvadza, wazvikuvadza, usazvikuvadza"
"Ukandinyomba, wazvinyomba, usazvikuvadza"
     "Kana ukandida, unenge wazvida"

N'iiiiiiiiiiiiiiiiiiiiiiiiiiiiiiiiiiiiiiiiii   N'a!
Warumwa!
Aaaaaaaaaaaaaarrrrrrrrrrggggghhhhhh!!!

Hakuna hakuna! Hakuna hakuna!
"Ndine vurombo, handina vurombo"

       Nyemba pachingwa nhasi!
        Bhinzi hakuna nhasi!
       Haundibati iwe nyasi!
       Unogeza woga nhasi!

    "Ukandikuvadza, wazvikuvadza, usazvikuvadza"
"Ukandinyomba, wazvinyomba, usazvikuvadza"
     "Kana ukandida, unenge wazvida"

Hapano pakunovata...

(Chizevezeve… chizevezeve)

"Chipe tsvodi chisikana chikobvu"

"Ndine mhiripiri mugwama rangu..."

Kana uchida kundipodza
Ndirove nethlava!

"Zviri nani kupenga"

Chivuisa thlava!

"Dhinhiwe shavi raManyuchi" directly translates to "Fed up and possessed by Manyuchi". This is a poem about a disgruntled, passive aggressive wife being driven crazy in an emotionally abusive relationship in which she remains, as is common in a cycle of abuse. Quoted words are lyrics directly translated from Beyoncé Knowles "Lemonade" album (songs: Hold up; Don't hurt yourself; Sorry), in accordance with the CMSI Code of Best Practices in Fair Use for Poetry. NB. Beyoncé's name is translated to "Manyuchi" by the poet, a befitting praise name illustrating that Beyoncé is Queen Bey (bee), a female icon who empowers other women.

Chekai hanyanisi

Dhayasipora ndimainzanise
Mukadzi, murume, mufumi kana murombo
Mose munodoti mucheke hanyanisi
Muchato mangange hazvidi umboo
Kuno hakuna madzitete anoyananisa

Zvaita sei vana baba misodzi mokoto?
Meso atosvogwa nehanyanisi?
Kwenyu kuri kusada kubata poto?
Hino zvohumwi kuno kusina vana sisi?
Modobetsera vana mai kuti mutapudze bopoto

Kuno hakusi kumusha kwamusingabetseri vakadzi
Tose tinoinda kumishando todzoka takanyara
Ukaona usingabetseri uri mutadzi
Imivo vakadzi dzidzai kutenda
Mukaita izvi munoyevewa senyeredzi

Musati mainda kumafaro baba tsvairai mumba
Itai makafara chiso musavunyanisa
Musangoitigwa zvose nokuti makabhadhara fuma
Ido chekai hanyanisi
Madhongi achikuma

"Chekai hanyanisi" directly translates to "chop the onions". A poem encouraging men to pull their weight and help women with chores or otherwise in the home.

Gomarara

Zvagodobogwa wanikwe igomarara
Handirevi chimuti chakaomarara
Chinotevedza imwe miti chichiyerera
Ndoreva hosha inoita semvura yatevuka kuyerera

Chigwere chegomarara
Ihondo mumiviri yakaomarara
Nyika yose zvoyoparara
Chigwere chakashata chinonyangira
Toparara zvokwadi negomarara
Vakadzi, varume, majaya nemhandara
Hachishari chero vana namadhara
Chinoshara hacho pachinonomhara
Kazhinji kacho wakadorivara
Chinokathlamadza nokuvangarara
Somubovora chigotandavara
Chohobaqhwa chadokangavira
Zvokuti kana waisimbokanyaira
Unoti vavava naiyoi ngwavaira

Gomarara mudzidzisi anoraira
Mumuviri mako hondo yopararira
Gomarara ihurumende yofararira
Dzimura hondo isati yaindirira
Pane chidzidzo chiteerera
Ita mazvokuda mweya unokutendera
Kuramba kutongwa negomarara

Ukashandura maitiro unorarama
Zvitonge kuti uwane raramo
Kana une nharo unoparara
Chakaoma chigwere ichi, gomarara

"Gomarara" translates to "cancer". This is a poem about the ruthlessness of cancer, and how living a stressful and inauthentic life may exacerbate the viciousness of the scourge.

Ndapinda machena naVhudzijena

Ndini Masiziva wezamo guru
Ndapinda machena, ndadiwa naMakwiramiti
Ndini Masiziva mwanasikana waMusaigwa
Ndapinda machena
Ndawanikwa naVhudzijena

Hekanhi waro kugara mumvura kuya kwabhadhara
Hendei mberi Soko imbomirai kukwenya kwenya
Hemeni chisarai maKaranga ndawana anondida
Hekanhi Mukanya Soko yangu yiyi

Vanopona nokuba
Makwiramiti moyo wangu vautora
Gare gare Pfumojena vatanga
Kukahi "VaChifedza hamuna kukwana.
Ndombonofara uko, garai ndichauya Masiziva."

Maiwe zvangu ndati ndinohi Masiziva, wekwa Musaigwa
Soko mvura musaigwa, haigwiwi nayo
Kukahi "Tisu vana Matonjeni, vanaisi vemvura!
Kasi kuzvihwa ndazvihwa VaChifedza
Handingagwi nemi."

Vokanyaira vachidzoka kumba Mukanya
Hekanhi waro kupenga kuya kwabhadhara
Ndapinda machena
Ndodiwa naVhudzijena

"Ndapinda machena naVhudzijena" translates to "Lucky to be with Vhudzijena", Vhudzijena being a male of the Monkey totem. A praise poem by the poet for her husband, illustrating that no marriage is perfect, but true love, communication and compromise are tools proven to make it work.

Gwana gwavatete

Gwasvika munyika yavasina mabvi
Gwana gwavatete, guvuchirirei mavoko!
Gwakatiza nhamo kwaGwitima
Gwahwa nechando, yangova kwindima
Gwara haro, rine shavi rovusimbe

"Gara pasi urave bhuku, ungware
Gamha nduwe yangu uwache
Gashira dhuku yangu usunge, ndiwane wabvuwa sadza!"
Gonanaira gwakananga kundowacha, gwapedza gobika iwe
Gogomera gofunga zvakadzama, "ko rugare uripi?"

Gare gare kohi "ndombobuda.
Gara pamba ini ndombonotsvaka mhepo."
Gwabuda gwana gwavatete, hegooooo!
Gwainda kushamwari, kunoita zvisina maturo
Gwara haro, rine shavi rovurombe

Hego haguchabudi mumadhirezi
Hego goraradza, kukangamwa zvagwakavinga
Hezvo, tikwanire wezhira, unosiiwa wakatemba
Hende unorava ungware sevasina mabvi
Hemeni tichatenda, kana chaitemura choseva.

"Gwana gwavatete" directly translates to "Child of my aunt" which in the Karanga dialect is a term used to describe anyone from the Masvingo province, where it is presumed everyone from there is in some way related. In the context of this poem, every foreigner is related due to common struggles shared in the diaspora. The poem explores how easily displacement can affect relationships and our true selves.

Nyamasase

Muchirungu kunohi
"Women are from Venus, Men are from Mars"
Zvichipenegura kusiyana kwevanhurume nevanhukadzi

"Venus" ndiyezve Nyamasase

Nyeredzi yokutanga neyokupedzisira
Inovimbika somukadzi, ehezve
Asati avodzewa moyo nomunhurume
Yakapuwa zita raMambokadzi vechiRoma
Tsvarakadenga ino rudo

Ndakamirira Nyamasase
Inokwikwidza kubgwinya nomwedzi muchena
Inotenderera nokurudhli sechiringazuva
Dzimwe nyeredzi dzichimanyira nokuruboqhwe
Nyeredzi inopisa kudarika dzose

Ndovheneka nhau yeinzaniso
Nokubgwinya kwaNyamasase
Ngatifambirane nenguva saNyamasase
Ngatishandure mafungiro
Murudo norunako gwaNyamasase

Vanhurume navanhukadzi takasiyana
Asi mafungiro namasikigwo ndozvoga zvakasiyana
Hazvirevi kuti pakodzero takasiyana
Tose takasikwa nomufananidzo woMusiki
Mumaziso oMusiki hatina kusiyana

"Nyamasase" is the planet Venus. In this gender equality poem, the poet uses the characteristics of the planet Venus to employ the "women are from Venus, men are from Mars" concept, to reveal that although men and women think differently or are biologically different, they should not be treated differently.

Makeke asina kirimu

Kune vakadzi vanoseka vamwe vakadzi
Kuchihi havavoti
Kana kuti vakashata
Koita vasingachisi vhudzi
Kana kurukwa misoro
Kana kufuka hwigi
Kune vakadzi vanonzi vakakoresa
Kana kuwondesa
Koita vasingavevuri hapqwa nenyasi
Kana kuvevura mipimbira nezvirebvu
Kune vasingacheki siye
Kana kupenda zviso nenzara

Vakadzi ava vane vanovada chose
Vanotowanikwa mudzimba fani
Tsvarakadenga dzichisara pabani

Ko nemhaka yeiko zvakadai?

Ane zvaanotemba madzimai awa
Anotapira chete madzimai awa
Ndinoti makeke asina kirimu

Chikumbiro kune vacho vanovota
Nevane shavi redona
Rambai muchiita zvamunoita, kasi
Shuga ikawandisa inogwarisa
Havasi vose vari kutsvaka kirimu
Havasi vose vari kutsvaka tsvigiri
Muchasvora mbodza neinozvimbira

Hakuna hanga isina mavara anoyevedza
Musasvora!
Makeke asina kirimu

"Makeke asina kirimu" translates to "cakes with no icing" and encourages women to stop putting each other down.

Dhara rechirungu

Gunzvenzve romoyo wangu
Rakanga rakatora moyo wangu
Rakafinhwa ndokuubvarura bvarura
Kunonditsvakira chigezanomugovera
Pose paaisibuda kunotamba uri Mugovera
Ainorura hake mumahotera
Ndakazongoerekana ndabata njovhera
Ndikavona kuti nhambo yakwana yokundopotera
Moyo wangova mamvemve muhana mangu
Fungwa dhuu ndakabata rushaya gwangu.

Ngiriri ngiriri nhare yangu yarira
Ndibhururu wangu akainda mhiri
Akandibata panhare akati huya vuno mhiri
"Usatenda kugwadzisiwa namabovorangoma
Vakomana vepataundi vasingabvisi rovora
Ndine dhara rangu rakadondirovora
Rine shamwari yaro inotsvaka wokurovora"
Ini rongedze twangu regai tinovona
Kana zvikasafamba sevamwe ndongonochovora

Pfacha kuchando ndawana ndakamirigwa
Nedhara rechirungu rakafanana naMutemeregwa
Sabhuku vekumusha kwamai vangu kuMberengwa
Rinondinakira kudarika mutetenegwa
Rinondifarira kuita serichandibereka
Kundida kuita serichandifimbika
Zvangu zvanaka zvandichiri kudika
Hazvina mhosva zera harina mhaka
Rondisona sona moyo wakabvaruka
Kozvarinodova nomoyo wakanaka
Takanga tajaira mabhunu ane vukasha
Nevasina mabvi vakatipamba nyika
Aiti akakutarira waisapfakanyika

Nhasi ndofara ndava kuChirungu
Kwandinoqhwera ndichisvisvina chirungu
Ndichibikira murume dumbu kuita chigubhu
Moyo wangu mbembe handichina chigumbu
Ndodogaya dei ndachiita nhumbu
Ndisimbise vukama nedhara rechirungu.

"Dhara rechirungu" directly translates to "elderly white man". In this poem, the poet takes the persona of a young Zimbabwean woman who falls in love with an elderly white gentleman after losing hope in love following a painful heartbreak, thereby advocating human diversity.

Makanaka makadero

Makanaka makadero madzimai
Zvidei sezvamuri vasikana woye
Dadai nezvamuri veduve
Chakanaka chakanaka
Mukaka haurungwi munyu
Musatenda kudzikisigwa nezvimbuyu
Zvinosimudzigwa nokudzikisira vamwe
Kunaka kwomunhu kuri mumoyo
Kwete munhumbi dzamakasimira
Kwete muhwigi dzamakafuka
Kwete muvhudzi ramakanamira
Kwete mupendi dzamakazora
Keke risina kirimu rinongonaka wani
Zvakanaka kuchena nokuzvishongedza
Kasi hazvibetseri kana moyo usina kuchena
Chakaipa kupindiwa muropa norunako gwenhema
Nokuti vazhinji venyu munozviziva
Matende mashava anovazva doro

Mukadzi mutsvuku akasaroya anoba
Hazvisi zvose zvakanaka zvinotapira
Usati washandura zvauri kuzhe
Tanga watarira zvauri mukati
Kana uri mhesvamukono
Imi vana tinhaidzigwe
Gadzirisa zviito kwete chiso
Kana uri mhunzamusha
Itira vamwe zvaunoda iwe kuitigwa
Kana uri mbavha, feve kana simbe
Tanga wagadzirisa zviito kwete chiso
Gunguvo nyangwe rikageza sei idema chete
Kushandura zvauri kutuka akakusika
Zundu kugara mundove kwahi neni ndava n'ombevo
Kana wakazvagwa uri mutema
Kusviba haisi mhosva
Kusvora basa remusiki ndiyo mhosva

Kana wakazvagwa uri musope
Wakanaka wakadero

Zvikoni zvikoni mimba haibvi negoshoro
Zvauri ndizvo zvauri
Ukazviramba hino zvohumwi?
Ukavona uchisvora zvauri
Une dambudziko rakadzika midzi
Rekusazvida sezvauri
Nyangwe ukazvishandura kuzhe
Dambudziko riri mukati haripheri
Zhou hairemegwi nenyanga dzayo
Kana uchifunga kuti zvauri hazvina kunaka
Kana uchifunga kuti unosvodesa
Ndidzo nyanga dzawakapuwa noMusiki
Senga nyanga dzako wakti zii sezhou
Ziva zvauri ndigo runako gwako
Ziva kwawakabva
Mudzimu weshiri uri mudendere.

"Makanaka makadero" directly translates to "You're beautiful just the way you are". A poem empowering women to love and accept themselves as they are.

Mwadhi kumwanasikana

Misiinosiyana, mwanasikana
Uri pano, ike hino, usanjeva njeva
Teya zheve dzako zvirokwazvo, uhwe zvandoreva
Uri nhengo yakazvimirira, hausi sakatire
Tenda mauri, nezvose zvaunoita
Wakakosha, uri ngoda
Uri tsvarakadenga, wakanaka wakadero
Hausi chidhori, ramba kutambiswa nenhunzvatunzva
Wakashinga, unovimbika, une rudo, unodika
Pane ruvimbo norudo, hapawanikwi godo
Dada nezvauri, unodiwa sezvauri
Ramba kudzikisigwa nemharapatsetse
Usazviinzanisa nevamwe, takasiyana
Kare haagari ari kare, misi inosiyana
Une moyochena, dada nengoni dzako
Nyangwe vamwe vose vachikuitira vutsinye
Une njere, kasi dzimwe nhambo uchakundikana
Zviregerere pose paunokanganisa
Kumbira ruregerero nomoyo wako wose
Uchavona vamwe vachikuregereravo
Mukukoniwa munobva dzidziso huru
Kukumbira rubetsero hausi hutofo
Zvawarovera moyo padombo zvinogoneka
Gamuchira zvausingakwanisi kushandura
Ihwi rako rakakosha, rishandise
Kumbira uchapuwa,
Gara uchiseka, wakafaranuka
Kasi hausi nzenza, uri mwana wandaraira
Kana kusuwa kwauya zvitendere, zvinopfuvura
Idhla zvinovaka muviri usawanza zvihwitsi
Simbisa muviri mazuva ako awedzegwe
Nyevenusa muviri kusuwa kureruke
Remekedza muviri wako itembere yaMwari
Usarega nhunzvatunzva dzichitambirapo
Shanda nesimba, tsvaka uchawana
Tamba nesimba, gogodza uchazarurigwa

Remekedza vamwe, vagokuremekedzavo
Nyangwe panguri dzamusingatenderani
Cherechedza mashoko anobuda mumuromo mako
Kushidzira rugare mumusoro mako
Fungwa dzigare dzine runyararo
Tinha fungwa dzakavora dzibude mumusoro
Teerera dzidziso dzavabereki vako
Usanyangadza vabereki vako
Kasi vavudze zviri kutsi kwemoyo
Uchavona vachikuitira zvakanaka misi yose
Vabereki rimwe zuva vachatsakatika
Kasi rangarira kuti una Baba kudenga
Vade nokuvatenda, Mwari musikavanhu.

"Mwadhi kumwanasikana" translates to "letter to the girl child". These are positive affirmations that every girl child should be equipped with to know her self-worth and to keep her grounded. The letter is addressed to Misiinosiyana (which means days are never the same), the poet's daughter, but it applies to all daughters of the world, young and old.

Havi yomutakura

Chidamoyo hamba yakada makwati
Kana ichinge yandibata havi yomutakura
Hapana zvimwe zvinofamba
Kusvika ndaribaiwa jekiseni
Wandinoda ndewe mabagwe nenzungu
Ndikaudhla ndichangomuka kuseni
Hope dzinopera zvose nedzungu

Ndamuka yakandisunga havi nhasi
Ndodogadza hari yomutakura nhasi
Ndakudubura sero dzose hamuchina nhai
Mabagwe nenzungu kana shanga imwe nhaimwi
Ndodii veduve nhasi handiponi ini
Ndabata nhare ndatsvaka kuhama neshamwari
Sango idema ndotsvaka paindaneti
NdaGugura Gugura zvinenge zvine tariro
Mabagwe ndamawana paIbheyi
Kasi chibagwe chacho chinohi ndechokuredzesa hove
Nzungu ndadziwana paAmazoni
Kasi kwahi nzungu dzacho chikafu cheshiri
Hino zvohumwi...?
Havi yandikwapaidza ndodotenga
Mangwana zvasvika
Wanei zvokwadi chikafu chemhuka
Zvasvika zvine svina zvokwadi ndezvemhuka
Havi ikanditi unotamba iwe
Shara makireshi awo
Ukasuka zvinofamba ibasa doko
Ndosuka ndichirangarira vudoko bgwangu
Pandaichokonyora mabagwe
Nokumarudza asati ainda kuchigayo
Gare gare zvachena, poto yangu ndagadza
Gare gare zvonhuwira zvangu zvaita
Ndochapfanya hino mutakura moyo mbembe
Chidamoyo hamba yakada makwati.

"Havi yomutakura" directly translates to "craving for mutakura". A poem describing a craving for mutakura (a traditional Zimbabwean snack comprising boiled maize kernels and peanuts) and how the internet saves the day.

Nyakajongwe

Nyika yeZimbabwe
Yakashara ruva renyika
Rakanakisa nyakajongwe
Nyangwe mambokadzi Eriza
Vane mhete yenyakajongwe
Chipo chavakapuwa
Vashanyira Zimbabwe.

Mavara enyakajongwe
Anondifungisa mureza weZimbabwe
Mavara aro matsvuku
Anondiyevuchidza ropa rakatevuka
Mavara aro mashava
Anondiyenuchidza vufumi nengoda
Mashizha aro erudzi runyoro
Anondiyevuchidza varimi namapfanya
Dzimwenhambo rinoita mavara machena
Anondishuvisa runyararo

Hakunazve rimwe ruva
Ringaindirana neZimbabwe
Kudarika nyakajongwe
Ndinohwa rusununguko
Ndakayeva nyakajongwe
Rakanaka samasvingo edzimbabwe
Iro nyakajongwe

"Nyakajongwe" is the Flame Lilly plant, the official national flower of Zimbabwe. This is a praise poem highlighting the beauty of the Flame Lilly, with colours matching those on the Zimbabwean national flag.

Maravhu namaraiki

Akatiparira akavaka indaneti
Vamwe havazorori siku nesikati
Vamwe zvokwadi havadovati
Vachitsvaka maravhu namaraiki
Ndoreva kudiwa nokufarigwa nhandi
Dei pasina maravhu namaraiki
Taisavona zvisivonekwi
Padandaro rapaindaneti

Ndivananiko vavhimi,
Vaiwo maravhu namaraiki,
Vanoraramira kufadza ruzhinji?

Vanoita chero zvinoitika
Vagomwaya zviri kuitika
Panhambo yazviri kuitika
Kuti vagone kufadza vanofadzika
Vagowana kudiwa nokufarigwa

Zvongogumirapo paindaneti
Musi wedambudziko havabatiki
Rinongova dandaro regutsaruzhinji
Anongova maravhu namaraiki.

"Maravhu namaraiki" directly translates to "love and likes". A poem about "loves" and "likes" on social media and the sham of the charade.

Sahwira

   Ndaiti uri sahwira vapamoyo
  Ndikakunyevurira dambudziko rapamoyo
    Renyaya dzokugwadza kwowangu moyo
      Ukandiseka souchadambuka moyo
       Haiwa zvokwadi wakaoma moyo
       Ndakabva zvangu ndavora moyo
     Ndakadodzidza zviri muno wako moyo
     Kuti hauna hanya nowangu moyo
    Hino ndozvirapa wangu moyo
  Kasi uchiri sahwira vangu vapamoyo.

"Sahwira" translates to "friend". A poem about a disgruntled friend let down by a mate she thought was very close, whom she still loves dearly.

Seri kwegandiwa

Marara ose namakanda emichero
Zvose zvose zvinosemesa
Zvose zvose zvinotiisa pamiyedzo
Zvose zvose zvinosvibisa ruvazhe
Ngazvirashiwe zvose seri kwegandiwa

Vaya vose vasina maturo
Vanogara vachitiisa pachikero
Vanoshanduka kuita mboko kana vamwa doro
Vajaira kuridziwa nethlava kuti vapinde mumiforo
Nevane hunhu hunovava suvenye hwemadhoro
Vane nhamo dzokuzvitsvakira dzinozadza ngoro
Vane mitoro inorema kudarika gejo
Kasi vachifinha vamwe samafuta epoko
Kuti vatapudze zvinovanetsa mumoyo
Havafi vakatikosoresa kuti oho!
Isu takarongeka samaboko.

Hatina simba rokupedzera pazviri
Hatina nhambo yokufinhiwa nepoloni
Tinozviziva zvichavadzokera, vupenyu ivhiri
Ndovona hangu sezviri nani ini
Kuti zvirashigwe uko, seri kwegandiwa.

"Seri kwegandiwa" translates to "over the contour ridge". In the rural areas of Zimbabwe, organic matter is habitually discarded over the contour ridge to help enrich the soil for crop farming. A poem encouraging readers to unapologetically discard toxic relationships, interactions and behaviours, in order to enrich themselves and live happier lives.

Zvidhori namavise

Nyengu mumba masahwira svimborume
Vaqhwera vakandichengetera vana ndiri kumushando
"Muneiko mufiriji menyu nhasi
Inga mune vise nhasi ndozvibaya"
Ruvoko gwangu gwi ndadzivisiwa
"Iri haribaqhwi ndiye mukadzi wangu
Wandichadziisa manheru ndava ndoga hangu
Musanditonga maiguru ndomaitiro angu
Zvevakadzi vanofema ndakazvikoniwa hangu."

Nyengu muchimbuzi ndisati ndarova pasi
Ndatarira kushawa kune zvandishamisa
Seri kweketeni ndavona sekune gadzi rakabata pasi
Waranu keteni wanei chidhori!
Chinodova nokusi, hauzombodi
"Ko nhaiwe shamwari, chii chandavona ichi?"
"Ndeumwe mudzimai wangu musanditongesa
Ndodova nebarika kasi rangu harina ruzha
Kana ndafunga kufara handina zvinondinetsa
Zvido zvomoyo wangu, zvidhori namavise."

Nyengu mumota ndorova hangu tara
Ndagaya mawandiro akaita hama dzangu tsikombi
Idzo dzinoti dzanyara nokupqwanyiwa moyo
Navarume vamazuvano mabovorangoma
Idzo svimborume dzichiti dzanyaravo
Netsikombi dzakafumuka dzinoda kuziva nhema
Dzisingamhagwi miromo nenhunzi
Huye dzinoda kutonga mudzimba
Chiiko chinokonzera izvi?
Kuchemera mukaka weshindi kusiya wen'ombe!
Ah ndazvikoniwa, ko ndozivei hangu?
Ndasvika pamba ndawana Soko vandivigira vise
Ndochapfenya hangu ndakayeva zvana zvangu
Zvichitambisa zvidhori zvichidhlavo mavise.

"Zvidhori namavise" translates to "Dolls and watermelons". A poem highlighting how people who have given up on relationships (possibly due to the prevalent issue of identity crisis amongst immigrants, as well as misaligned values and failure to integrate and diversify) are resorting to mannequins and vegetables to meet sexual needs.

Mufokosiyana

Zamavo zvakasiyana siyana
Nyevenuka somufokosiyana
Unorukika nokufonyoka usingadambuki
Ukaziva zvauri haukudubuki
Paunoshandura maitiro
Uchidzidza zvakasiyana siyana
Nokuita zvakasiyana siyana
Uchiita somufokosiyana

Kare haagari ari kare
Chisingaperi chinoshura
Nhasi tinogona kumboti fare
Mangwana fume takashuwa
Kana wakaita somufokosiyana
Haunetseki kana zvinhu zvasiyana
Handirevi kuti furirika sefuza
Kunyarara sandi kupusa

Ziva pokuita gakava
Ziva pokutapudza madhlo
Ziva pokumira doro
Ziva pokuvhura muromo
Ziva yokwauri mitemo
Ziva pokuvimba napo

Gara wakanyorovera
Kasi wakagwinya
Uchiziva kwaunobva
Zvose nokwaunoinda
Sechitima chinozvongonyoka
Kasi chisingabudi munjanji
Unovona uchiwana zvakasiyana siyana
Nokuvona zvakasiyana siyana
Nokuumbika somufokosiyana

"Mufokosiyana" is a willow tree. In this metaphysical poem, the poet encourages her readers to be malleable like a willow tree. Using our free will to be flexible enough to surrender to the universe presents more opportunities in life than when we are resistant.

Cheziya

Ndakakura ndichingongwaudziwa
Nesimbe dzine shanje dzainditi mwana washe
Kwakanga kuri kusaziva
Vashe vakarera nhengo yakazvimirira
Vakaifundisa kuti chamahara mushana
Zvose zvose muvupenyu zvinoshandigwa
Chingwa muMasvingo taitenga kwaCheziya
Nhasi ndakura ndoshandira cheziya
Nanhasi ndinongongwaudziwa
Nevanofunga kuti zvose zvandakashandira
Rombo rakanaka rakauya riri muchipunu chengoda

Zheve chivhurai mupabate mose
Ndinoshanda nesimba mune zvandinoita zvose
Ndakadhla mabhii mazhinji chose
Hazvizi nyore ngatiite bheji bheji
Zvizameivo mumavone manenji
Anoitika wariyambuka bhiriji
Mabasa andinawo zvokwadi mazhinji
Ndiri mai, mudzimai, murimi,
Musoni, mubiki, murapi,
Muruki wemisoro nowamajuzi
Ndiri gweta, nyanduri, munyori, murairi,
Zvakawandisa zvandinoita haungazvipedzi
Hakuna chandisingabiki
Sadza, mutakura zvose nokubheka makeke
Huye ndinogona kungokukangira mutete
Kune vazhinji ndinoraira savatete
Mumba mangu ndini musikana webasa handiteti
Huye ndiri mudzimai wanhasi anozvininipisa
Pamurume wanguvo ndinochivirika
Ndiko saka ndichidiwa zvakanyanyisa

Zuva nezuva handimiri kudzidza
Huye handina vusimbe bgwokudzidzisa
Nyota yezivo iri mandiri

Haichimbidzi kugungwa, ndima irefu
Panotaura vaya vano vungwaru
Dzangu zheve seshuro ndakateya
Kana une zheve newevo chiteya
Ndikabata foni kungotsvaka zivo
Kwete zvisina basa zvokudiwa nokufarigwa
Zvokuqhweroda kututumadziwa navanhu vasina basa neni
Ndoreva zviya zvamaravhu namaraiki

Kuziva nokuda Mwari kunokunda zvose
Yeuka kuti anovona zviito namafungiro ako ose
Kuzvichengetedza ndiwo wangu musimboti
Unoita kuti zvandinoita zvose zvibudirire
Handiwanzi mukomboti
Ndinodhla zvine utano zvakati kuti
Handiguriri kasi ndinofamba toti toti
Gwendo rurefu hazvidi dzungu mhoti
Handina nguri yokupima zvavamwe
Handina basa nezvinofungwa navamwe
Handina nguri yezvepasi pano
Ndine nhambo doko doko pasi pano
Mweya wangu uno gwendo rurefu
Nyama yakabva muvhu ichadzokera muvhu
Nokuda kweizvi handithli gwangu rufu

Handina mitezo inoteta
Huye handithli kubuda ziya
Ndinoshanda nesimba
Hakuna rombo rakanaka
Ndivuchirireivo
Handizezi kubuda ziya
Ndinodhla cheziya

"Cheziya" translates to "acquired through sweat". The poet unapologetically challenges the assumption that those born into privileged families do not have to work hard for anything.

Dzikirira

Soko zvavakafamba nebasa
Yangu hana yodorova
Nhasi vusiku ndiri pabasa
Pazvinovuya kuzondishanyira
Makaita henyu sekuru Benjy
Norusariro gweMejugoriya
Nyika inoyera yamakashanyira gore riya
Ndayanika chipiyaniso mumba yokuvata
Vanondichengeta mai Maria, hakuna zvinondibata
Munyu ndamwaya mativi ose emba
Rusenzi ndapisa mweya unoera ndofema
Mweya mutema bvira kure, usandibata
Ndofungaidza vutsi vuchena
Munamato ndaisa handidi zvitema
Mabgwe anobgwinya ndavunganidza
Pedo nepandinoradzika musoro unorema
Zuva nezuva unogarotema
Kwinini dzehope ndadodunga
Nyengu mumvura inopisa
Mandakazadza munyu mutsvuku weHimaraya
Maginiziya nomunyu weEpusomu zvakanakavo
Ndadira mumvura mafuta eravhenda
Mumba yokugeza mava kunganduma
Namakenduru mazhinji anonhuwira
Akazara mafuta okuzorodza fungwa
Mweya wakanaka wondiputira sechanana
Ndodovona sendava kudenga
Kuri kudekara ndichingura
Moyo mbembe ndagadzirira zororo
Nhasi zvinowana ndakafa nehope
Magetsi handidzimi, hazvidi chiyedza
Makenduru ndadzima chiregai ndivate
Ndichingobuda mumvura, magetsi ndiye sarai
Tinotsvakeiko kumapurazi, kunoinda magetsi Bhiriteni?
Zarima randidzvokora, kwahi huya titambe
Hana yangova pangu pangu, sendichatsemuka chifuva

    Nhasi zvangu, Mwari munoda ndidiniko?
  Ndonyangira zvinyoro nyoro, ndakananga kumba kwevana
   Chivuyai muvate neni bambo zvavasipo
    "Tisiyei tivate, tanga tadovata isu"
      Iyavozve…
  Ndokweva hangu shoka ndakananga kuhondo
    Isingatiziki kana kukundika
   Ndakurura nhumbi, mumachira nyengu
   Nhai hope uripiko nduguri ndakumirira?

    Hezvo, ndaita sendahwa munhu padivi pangu
   Ndazama kuvongorora kasi ndovona vusiku vutatu
  Haaziwo aya anohi madzangaradzimu?
Ndichengeteivo vangu vadzimu
   Muripiko vekwangu?
    Ndamira kufema hana inongova pangu!

     Nhai veduve ngausava mubobobo!
    Kwangu nyasi kunoyera ibva pano fokoro!
    Ndiwe here Dhiyabhurosi wakabata foshoro?
     Ndapera simba, rabada fototo!
    Ndodiniko ini, ndotsvaka zororo?

    Ndotsva hino nyangwe nomumusoro
   Wandaviga mugudza pakati pechirimo.

Ziya kuyerera sechikova
  Tsinga kuvhuta dzichipomba ropa
    Ndangozvimbundira ndakamirira hondo

     Mweya mutema wadzoka, mhorozve iwe!
     Iwo ndokunditi muka titambe
   Ndine vurombo ndanonoka kusvika
  Wondigadha hino somutasvi webhiza
Ndozama kushereketa mitezo yoramba
   Muromo ndashama, mhere chibudazve iwe!
    Kana ravuya dzikirira hakudamwi anohwa
     Rondibata hino semagetsi rakanditsikirira
    Rondigadha zvirokwazvo kukahi nhasi unondivona

Kuita kurimbinyuka serabhejegwa pondo
Ipungwe nhasi hakuna kwarinoinda
Zvariri dzvotsvoma, harindihwirivo vurombo?
Ndorigwisa, ndoshereketa, harisati ragungwa

Ndodana hino Baba vedu vari kudenga
"Zvokwadi Baba ndawigwa nedambudziko
Ivai neni panguri yakaoma iyi
Bvisai chinhu chiri pandiri ichi
Muchiposhere kure chindowira murukova
Mwari kana monditora ndireregereivo
Zvivi zvangu zvizhinji ndapota ndiri mutadzi
Mwari Baba sarai makarinda mhuri yangu
Mwari Baba..."
Zvamira. Zvainda. Ziiiiiiiiiiii

Hino angova magwiriri moyo wangu chizorora
Zvangova zviroto fungwa dzangu sununguka
Gare gare.... bi bi bi bi bi bi
Jongwe panharembozha rorira
Zuva rabuda hekani waro
Ndapona! Ndichi mupenyu!
Meso piriviri kasi ndinotenda nyasha
Dzikirira, woqhwera zvakanaka
Ndokuvona wadzoka.

"Dzikirira" is "sleep paralysis". The poet describes a horrific sleep paralysis incident.

Machonyonyo

Asangana mubhawa, nhasi chinotsva
Gadzi rine zvinorishungurudza riri kufara
Rakasimira chi"musandizeza", hariregwi richisvova
Rume rakasimira nhumbi dzinoshinya, kwahi
"Ndivonei, ndakagwinya, ndine mazitsinga mumavoko
Ndine mazitsandanyama matanhatu pachifuva"
Meso rakateya vose vose varisingazezi
Bhawa rakasviba kuti ndo sevusiku vutatu
Kasi meso aro anovona zvakapinza sechisvo
Zvingopisa zviri kudhudhudziwa
Semahewu kuhumwe zuva richipisa
"Hwahwa hunopa hutondori" vakareva maZezuru
Gadzi rozvongonyoka seshato rakakotama
Rokwe rokwirira kuita somureza
Maqhwaqhwa otutuma, seari muhari yakafunhigigwa
Ziya mokoto mokoto, rangova gupfuche
Mhanzi mangoma eZim *dancehall*
Pari kushereketewa, hakudamwi anohwa
Rume rozhinya hino sekiti yeCheshaya
Rodorota richitsvetsva, radiwa, radovamo
Mubhawa svovei, ndiye nyengu mumota.

Chivi chaiqhwa zvangova zviroto
Kuzhe kwayedza bhawa radopfigwa
Mangonjo ko ko ko pafafitera kwahi mukai
Hakudamwi anohwa angova magwiriri
Odorota hawo ari kumusha kure kure
KwaChivi kure kure kuMachonyonyo
Asi nhasi odoqhwera ava muchitorongo
Nemhaka yokurasha hunhu pachena
Kuita sevana vadoko, iwo machonyonyo.

"Machonyonyo" translates to "promiscuous people", a derogatory term used by the Karangas. "Machonyonyo" is also a Karanga word used to describe very remote rural areas in Zimbabwe. The poet plays with the two meanings to describe a one-night stand.

Chifadzababa

nyengu
    mugudza,
        avete.
            oshanduka,
                onditarira.
ruvoko
    gwake,
        paguvhu
            opurudzira,
                achidzikirira,

zvotekenyedza.
    osvinyanga
        chitumbu
            changu
                chezasi.
ofemerera
    achidziisiwa
        namagadziko
            angu,
                ndocheuka.
onyemwerera.
    akavata.
        ndofara.
            anofadziwa,
                nechifadzababa.

"Chifadzababa" translates to "that which pleases daddy". A short free verse poem describing a husband/lover's appreciation of their wife/partner's belly pooch. The poem encourages women to be proud of their bodies.

Kubaqhwa mavoko nanyakuroya

"Kana ndakakutadzira sori hako
Hameno kuti chii, imhepo dzokwedu
Ndoita sendine shavi ramadzinza
Ndiregerevo hama
Ndiri munhu wenyama
Hameno kuti chii chakanga chandibata
Handichazviiti
Ndiregererevo mumwe wangu
Ndakanga ndangokurigwavo namamhepo
Hameno kuti zvinondiwana sei
Handizvidzokorori
Ndachema chema wani
Unoda ndigwadame here?"

Kwana semari yebhazi mwana wokumusha!
Apa hakuna kana mhosva yawatenda!
Kana ari mamhepo akonzera zvose
Ausingazivi kuti akakubata sei
Unoziva sei kuti hauchazviiti?
Rova hako pasi munhu wenyama
Iwe nemhepo dzako fambai zvakanaka
Nenivo ndine mamhepo, ndiri munhu wenyama.

"Kubaqhwa mavoko nanyakuroya" directly translates to "condolences from the bewitcher". The poet reprimands an inauthentic apology from people who find it difficult to take responsibility for their actions.

Mari kumusha

Zvakanaka kutumira mari kumusha
Kuti vaqhwere havo vachihuchocha
Nemari yawabudira ziya uchisuka chembere

Zvakanaka kuvakisa zimba kumusha
Kwausingazivi kuti unodzokera riini
Kasi vuno mhiri uchigara ne"nhava izere mhepo"

Zvakanaka kuvakisigwa imba kumusha
Uchitumira mari mwedzi woga woga
Paunotaririra mazen'e pamudhuri wogamuchigwa nebani

Zvakanaka kutumira mari kumusha
Kuti vadhle mazai nebhuruvhosi
Iwe uchiqhwerera chingwa chisina majarini

Zvakanaka kutumira mari kumusha
Kuti vainde havo kumafuramhepo
Iwe wava namakore mazhinji usina kumbotura befu

Zvakanaka kutumira mari kumusha
Kune vasingatendi unovaziva
Mangwana vanodzoka vachiti yazuro haina kukwana

Zvakanaka kutumira mari kumusha
Kuti uhwe vachikuti vokushuva huye vanokudisa
Kasi kana vangoigamuchira kana shoko

Zvakanaka kutumira mari kumusha
Kune vanokutsamwira musi waunoti hauna
Vasingakufungi musi wavanenge vaiwana kumwe

Zvakanaka kutumira mari kumusha
Nyaya dzavo newe ndedzemari chete
Hapana zvimwe zvavanoda kwauri

Zvakanaka kutumira mari kumusha
Kasi zvibvunze, ko ukafa mangwana?
Tanga waguta, tanga waongorora, usati watumira mari kumusha

"Mari kumusha" directly translates to "money back home". The poem highlights the importance of being mindful when sending funds from the diaspora to relatives and friends back home.

Muchinyiri

Murokesheni muya
Akamutora
Asati aibva
Ndokumumwisa bhotoro
Ndokumuchinyira!
Ko aizvivudza aniko?

Akazohwa namakuhwa
Wakachinyirazve
Akarevegwa
Akaripika jeri!
Iye muchinyiri.

Pachiteshi muRandani
Akamirira chitima
Rungwana ngwanani
Akavona murume
Akamira nechisikana
Chisati chaibva
Ndokumunan'anidza
Wanei ndiye!
Iye Muchinyiri.

Akananga paari
Akakokera simba
Raibva muchibereko
Ndokusvikomukanda
Chamatsengadzungu!

"Muchinyiri" directly translates to "vandal". The poem describes a situation where an underaged girl is raped back in Zimbabwe but is unable to speak up at the time the crime takes place. Many years later, whilst waiting for a train at a London railway station, the victim spots a man in the company of an underaged girl, identifies him as her rapist (perchance a delusion) and punches him in the face.

Ndipevo, ndozvidavo

Ratanga gore, pabhodhin'i pfacha
Chikuku chakakangwa mutirangi torei
Ndichingoti chachu,
Gwasvika ruvoko, "ndipevo"
Mazuva afamba ndafunga mutetsu
Wandakaviga shure kwenhumbi kumusoro
Vhurei, tsengei, zvonhuwira
Gwasvika ruvoko "ndipevo"
Mavhiki afamba ndafunga gaba rebhifi
Kwachu chigaba ndakoniwa kuvhura
Gwasvika ruvoko kwahi rega ndikuvhurire
Guchingoti vhurei, kukahi "ndipevo"

Takura, toshanda, torarama
Bhudhi vatenga mota, "ndoidavo"
Sisi vawana murume, "ndomudavo"
Sahwira vanogona vakarongeka, "ndozvidavo"
Voshanda nesimba vamwe mari yowanda, "ndoidavo"
Hama yatenga zidheni, "ndoridavo"
Zvose zvose "ndati ndozvidavo"

Ko zvairi hondo mumusoro mako
Nhaiwe mada kuda
Zvose zvose wati unozvidavo
Ko iwe pauri ipapo unozvidavo?

"Ndipevo, ndozvidavo" translates to "May I have it, I want it." The poet captures behaviour of people who are always after other people's things and are never satisfied with their own. They are usually barely innovative and feel extremely entitled. She wonders if this is somewhat linked to their lack of self-love, a void which only they can fill.

Handikuzivi

Uri hama yangu yepedosa
Kasi une nhau yakakurisa
Chigwere chako ndovona seshanje
Yausingavanzi kana wambobata masese
Hunhu bgwako hunotenderedza musoro
Sedzaunobhema mbanje
Masikati machena unoita somunhu
Nokuita sounorudo
Rangovira zuva woshandura maitiro
Mbgwende isingadi kugadzirisa zvinoinetsa
Dzako hadzibati usati wahuchocha
Dzopera nyadzi dzokuita zvisina maturo
Kuzavaza, kutsveruka, nokufeva
Unobaqhwa nesvishavi svamadzinza
Zvikuru sei ukawana vanokuza
Kana pane varume mitezo hausvodi kuzunza
Nyangwe vari vavanhu hauthli kudhonza
Chinangwa chako chiri chokukaurisa
Hauna waunoremekedza
Kana mamhepo ako akubata
Zvine moyo wakaipa mukati
Zvine godo mukati
Zvine kupqwereka mazviri
Hauna rudo mauri
Une huvori mauri
Vana vangu vanodzidzei kwauri?
Zvaunotaura hazvienderani nezvaunoita
Ndakambozama kukudzora
Ukati unoita madiro aJojina
Dambudziko rako chikurira
Uri musungwa wezvakafumuka nezvenyika
Paku bhilivhisa haubviri
Unondidzivaidza sesvukukuviri
Bva ita madiro kasi pedo neni hausviki
Pane ruzhowa gwausingavambuki
Gwandakavaka kuti ndizvichengetedze

Ndinozvivona unoda kudiwa, kasi haudiki
Zviri pachena unogwadzisa nokuti unogwadziwa
Nokuda kwamatambudziko awakasenga
Anoita seasingarapiki
Ausingatendi kuti unawo
Hauteereri, haukuri
Hauremekedziki, hauvimbiki
Handikuzivi.

"Handikuzivi" translates to "I don't know you."

Muzita rashe

Vakagona maDhachi vakandidzidzisa
"Muzita raShe ndomandogara"
Hino zvavuya nhamo namatambudziko
Ndochema hangu ndirimo
Muzita raShe mandogara

Charova chando chofunga Dande
Chamira chisikana pafafitera chogaya
Chizevezeve chovuya chozevezera
Cheuka kurudhli dovona chikova icho
Cheuka kuruboqhwe vona miti namaruva
Chimira kuchema Mwari vanewe wani
Chikuru rudozve kurauvone

Svainda kumushando
Svakarava mabhuku svana svatete
Svanyangadza matofo
Svikanzi basa hakuchina
Svavungudza svikahwa chizevezeve
Shanda nesimba Mwari vanewe

Mopisa mumba mabhuru awandisa
Baba bhuru, mai bhuru, vana mabhuru
Ko hino todini zvirizvo zvovuno mhiri
Haiwa hakuna vubhuru tose tiri vamwe
Haiwa tiri munhu mumwe
Takabva pamunhu mumwe
Dzavhurika fungwa, wavhurika moyo

Vakagona maDhachi Vakandidzidzisa
Muzita raShe ndomandogara
Hino zvoinda nhamho namatambudziko
Ndoseka hangu ndirimo
Muzita raShe ndomandogara

"Muzita rashe" translates to "In the Lord's name". The poet expresses that her faith sees her through trials and tribulations, time and time again.

Wainda Madhuve

Wainda Madhuve!
Wainda Madhuve kumaKaranga asingatendi
Wainda Madhuve kusiya mvura Harare
Kusiya maguta kuvinga zhara kwaChivi
Wainda Madhuve wawanikwa
Makorokoto watidadisa wakura
Makorokoto waita zvana zvako zvina zvibhamu
MaKaranga tendaivo vonai Madhuve wagona

Tikwanirei maZezuru hamuna kudzidza
Tikwanirei mwana wedu imhenya
Hapeno kuti akanga ashaiwei
Fuma takabvisa yose Mazvimbakupa
Huye makamuchipisa, hino tomuchipisa
Tanyara naye dzangova mvura dzoga dzoga
Tibvigwe! Muroyi uyu, todosvoda naye

Wainda Madhuve kunyika yavasina mabvi
Watiza nhamo Madhuve, maKaranga anodhuva
Wainda Madhuve kunoita mukoti kuchando, mhiri kwemakungwa
Wainda kure Madhuve nezvana zvake
Watiza Madhuve wati maKaranga ndamakoniwa
Hoyo-o-o-oooooo!

Gare gare wagwara ariko mhiri Madhuve
Gomarara muchibereko nhai veduve
Chapararira chigwere vakoti vachikoniwa
Haiwa chisarai henyu Madhuve wavoneka
Wainda Madhuve wasiya nhamo dzapasi pano
Wainda Madhuve kudenga kusingasvikwi
Wainda Madhuve zorora murugare.

"Wainda Madhuve" translates to "you've gone Madhuve". "Madhuve" is a praise name for females of the Zebra totem. The poet describes how an unappreciated good wife is rejected, mistreated and emotionally abused by her husband and in-laws, then decides to emigrate to the UK, where she eventually suffers from cancer and dies.

Chikomba ndachera

Ndanyara hino nezarima
Ndapa kutenda vupenyu bgwarema
Ndatatarika ndichiti ndapedza kurima
Ndamirira kunaye zvandarima zvimere
Ndateta-teta zvokwadi ndazama
Ndachera chikomba izvi ndaramba

Baba kudenga ndoda kuvuya
"Garako mwanangu nhambo ichakwana"
Mhai ndirevererei nguri yakwana
"Garako mwanangu vana urere"
Mbuya vonai mufaro hakuna
"Garako chizukuru mufaro uchavuya"
Nhai vatete huyai kuhope
Nhai babamunini huyai kuhope
Zvamakazvipedza kwakadii kwamuri?
"Garako chizukuru kuzvivuraya handizvo
Uriko ikoko kuti udzidze zvidzidzo
Ukatiza nhambo isati yakwana
Vanokudzosa Baba izvo havaregi
Nhambo inokwana kana wadzidza"
Ndachera chikomba ndoda kudzidza

Hino chiyedza chavuya kwandiri
Hino mufaro wawanda mandiri
Hino simba rogara mandiri
Hino panyika ndoda kudzidza
Hino panyika vamwe ndodzidzisa
Zvandakavinga ndaziva ndezvipi
Mweya wangu chizorora
Chikomba ndachera

"Chikomba ndachera" translates to "I have dug a little hole", a symbolic act performed in Zimbabwe to show that a lesson has been learnt. This is less common now, but children, after receiving corporal punishment, were instructed to dig a little hole and spit into it, a ritual to evidence commitment to never repeat the same misdemeanour. The poet describes the feeling of being exhausted by depression, thoughts of suicide and then enlightenment.

Gavamwedzi

Ndakagara ndazvivona
Kuti uyu pandinomupona
Hapeno akapona
Rudo mumba hapana
Hapeno ndikapona
Naipo pamuviri ndatopona

Dei pasipo
Ndingadei ndisisipo

Ndakarivara, chibereko bvaru!
Ndanga ndakurisavo kuita tsiru

Huya hako chido chemoyo
Upodze wamai vako moyo

Kwangosara mwedzi
Wasvika gavamwedzi
Taiti haupedzi mwedzi
Kasi nhasi wakura semwedzi
Ndodada newe nyeredzi
Mwana wangu gavamwedzi

"Gavamwedzi" is a premature baby. The poem is about a pregnant woman whose labour is triggered early due to a loveless relationship and stress associated with it; and how she welcomes the child as the one who will ease her pain.

KuEkita

Keche! Keche! Keche!
Mapikicha ari kutogwa
Vanhu vachi ekita ekita

Rimwe gore murume wakanga ari kumusha
Akashanyira vadzimai vake mhiri
Kasi nenhau yomisarinya yake
Murume akapatsanura nharembozha yake
Bhatiri tsve muhombodo yebhachi
Simukadhi kande muhomwe yomutodo
Chikadhifungwa vige mugwama
Dzimwe nhengo kumwevo

Rimwe zuva vadzimai vachirongedza
Ndokuvona nhengo dzenharembozha
Ndokuziva kuti pane zvakavigwa
Tore chikadhifungwa voinda kumushando
Svike kuya vochiisa munhare mavo
Wanei chakasungwa nezvirango
Vusiku hwose dhuuu vachidzeya
Zuva richibuda ndokuwana zano

Rungwana ngwanani achingochaisa
Mudzimai nange kunosukwa mafirimu
Kadhifungwa riya kukahi "oyi sukai"
Ndokudzokera kuya kwapera nhambo doko doko
Ndokugamuchidziwa tsama yemifananidzo
Murungu akavagamuchidza kumeso piriviri nenyadzi
Mudzimai ndokutsvaka bhenji mudhorobha
Ndokuvhura chikwama chemifananidzo

Ah, ko zvavari baba vabhoyi vari kumwiwa!
Ah, ishoka dzavo idzo huye mabvi avo ndomaziva!
Ah, vanotova muhotera mavakamboindavo neni!
Ah, ndavona maketeni acho awo ndomaziva!
Ah, ko fambi dzacho zvaakasiyana siyana!

Ah, umwe noumwe mufananidzo une fambi yawo!
Ah, vamwe vakasvava mikaka, vamwe vana masaka!
Ah, vamwe vatsvuku vamwe vatema!
Ah, mukadzi mukuru ndiye
Bvoooooooooooooooooooooo
Kurutsa pakati pedhorobha!

Pere chinhambo mudzimai akoka simba
Pfacha pamba pake nemifananidzo iya
"Ko chii ichi nhai baba vevana?
Ndizvo zvamunoita izvi ndisiko kumusha?
Zvokwadi namashandiro andinoita kudai
Mari yose yandinokutumirai
Munoidhla henyu namahure kundigwadzisa kudai?"

Rume rakapindura kukahi
"Mai vevana munoda kutarigwa fungwa
Dzenyu dzadorashika, dzakadotamba nevana.
Hakuna munhu akakwana anoita zvamaita izvi
Ichi ndicho chinohi chisivonekwi
Kana ndakapatsanura nharembozha iyi
Zvinoreva kuti ndakuremekedzai
Kasi imi makoniwa kundiremekedza
Mukati dzenyu dzichimo dzose iyemi?"

Mudzimai haana kuzoita mazuva mazhinji
Akavurawa nemhaka yomoyo unogwadza.
Rume ndiro rainyanyisa kubowa parufu

Keche! Keche! Keche!
Mapikicha akatogwa
Rume risingahwi
Richi ekita ekita.

"KuEkita" translates to "acting". There are people who live lives full of drama, acting all the way, to the extent that they do not know who they are. The poem describes a cheating narcissistic husband based in Zimbabwe who confidently denies any wrongdoing and gaslights his wife who works in the diaspora and blames her for being the insane wrongdoer.

Mutambi woMutambo

Vupenyu mutambo
Iwe uri mutambi
Kuti ukunde mutambo
Wodogwinya somutambi
Simbisa muviri
Idhla zvino vutano
Dzamisa fungwa
Nokunyaradza fungwa
Ramba chikurira
Iva norudo
Betsera vanotambura
Ita zvakanaka
Nyangwe pasina aripo
Ukadai uchava mutambi
Womutambo mukuru
Ibgwo vupenyu.

"Mutambi woMutambo" directly translates to "player of a game". In this poem, the poet presents life as a game and how to be a shrewd player at it.

Chifinhu

Iwe mhani rega chifinhu!
Usangoita zvokunyangadza vanhu
Dovona vanhu vose vokurimira muganhu
Nyangwe hangu ndichida kukubinha
Kana kukupa chamatsenganzungu
Waita rombo rakanaka rokuti
Ndothla hangu kurangwa naMwari

Pose paya paunoita chifinhu
Ndombodemba usvedze udonhe
Kana kuti ubaqhwe namaperembudzi
Ndoyevuka Mwari vanondivona!
Dovona chigwere chako chovodza tose
Chifinhu chako chondiitisavo chifinhu
Iwe mhani rega chifinhu!

"Chifinhu" is slang for "boundary crossing". In the poem, the poet expresses frustration towards a habitual line stepper or boundary crosser, who causes the poet to inadvertently cross her lines of spiritual principles.

Chimusvatusvatu chimukandakavava

Zvawafunga kuita wangu mukaranga
Kundigadza mapfihwa ndisati ndafa
Gara apa ndikupakurire chiKaranga
Zvechinyakare zvakapera kare kare
Hausvodi kutiitira makunakuna?
Chimbgwamupengo chinoda kupungudzwa
Thlapanika usazviitisa!
Chimusvatusvatu chimukandakavava

Unovuya pamba pangu uchizvihwa ngo ngo ngo
Uchipesvuka pesvuka sechinyamukohoho
Nokutivigira ruzha sechinyamutsavava
Unotozvivona sechikurungadovi
Kasi uri mharapatsetse, nhundiramutsime
Wakadzidzisiwa nani kuita mhunzamusha?
Changamuka iwe unoitisiwa!
Unopedza simba setsikidzi inoruma akaisenga

Wada kuita chimutsamapfihwa
Ndumure ichangobuda munapukeni
Chenjera iwe, unozvifura nerhekeni
Unopara ngozi isingaripiki
Ndini ngosikadzi vapano handijairigwi
Ava ndibaba vapano harisi jon'osi
Vhura meso machewe, usazvichipisa!
Uri chimusvatusvatu chimukandakavava

"Chimusvatusvatu chimukandakavava" is a term for one with 'loose morals'. In this poem, it refers to a woman who voluntarily moves into her older sister's home to take over as wife and mother. The older sister is in the diaspora, separated from her husband and children who are back home. This is a common occurrence, where families are separated due to emigration complications, and one spouse leaves while the other stays home. The poet assumes the persona of the disgruntled wife who refuses to be replaced. In Shona culture, it is acceptable for a younger sister or niece to 'replace' an older sister or an aunt who has died, cannot have children or no longer wants to sleep with her husband. The younger relative is simply 'given' as a gift to the relevant man. Although the practice is less prevalent, the poet takes a militant feminist approach towards this custom, which she views as grooming young girls into commodities and objects of male desire. Unfortunately, due to economic hardship or otherwise, the practice is used as an excuse by some women to 'take' relatives' spouses, as an easy escape.

Simba rebenzi

Ndagara hino muchimba chidoko
Ndakatarirana nachiremba vefungwa
Ndatsanangura zvose zvandisvitsa pano
Ndadedemura kwandakabva nokwandinoinda
Ndatarigwa nomurumbi nameso azere misodzi
Nesimba rebenzi ndamira kubgwaira

"Haisi mhosva yako hauna kuzvishara
Hana yako yakasimba ramba wakashinga
Hama dzako dzakakurera
Hadzisati dzapora nokupambgwe vufumi
Hama dzangu madzitateguru angu
Handidzo here dzakusvitsa pano?"
Nesimba rebenzi ndamira kufema

"Kusakwana kwako nokwehama dzako
Kugwisana kwavanhu vakajaira kushaya
Kugwisana kwavanhu vakajaira kutoregwa
Kunetsana kwavanhu vanotsvaka kukwana
Kugwisana kwavanhu vakatsikirigwa
Kunetsana kwavanhu vasina misha"
Nesimba rebenzi ndava kuvona

Hino ndodini kuti fungwa dzipore?
"Dzako dzadopora nokuti wahwisisa."
Hino ndodini kuti dzavamwe dzipore?
"Dzavo ifungwa dzavo huye haunei nadzo"
Hino ndodini kana votangisa mahwani?
"Ravo idhirama chingoramba kuekita"
Nesimba rebenzi ndadopabata.

"Simba rebenzi" directly translates to "the strength of a madman". A poem highlighting the benefit of seeking professional help if depressed or suffering from other mental health issues. Sometimes an explanation and understanding of your history and how it impacted your upbringing provides an understanding of who you are and why you react the way you do in various situations. Having this understanding may be the very thing that heals your mind.

Tinoita se...

Tinoita setakambozivana
Tinoita setinohwisisana
Tinoita setinohwanana
Tinoita setinofadzana
Tinoita setisingasvodani
Tinoita setisingamhurani
Tinoita setinosimudzirana
Tinoita setinodzidzisana
Tinoita setinopana simba
Tinoita setinofemerana
Tinoita setinorotana
Tinoita setinovukama
Tinoita setinogutsana
Tinoita setinofarirana
Tinoita setinodanana

"Tinoita se" directly translates to "We seem to". The poem describes the tense, magnetic feeling of making a harmonious soul connection with another human being who resonates with you, usually when least expected, usually due to synchronicity - a metaphysical phenomenon.

Muvhunzo

Ndino muvhunzo!
Mukadzi womunhu akanamata
Hure rikanamatavo
Vose vachikumbira kudiwa nomurume mumwe
Kuna Mwari anotida zvakafanana
Ndowani munanato unodavigwa?

"Muvhunzo" translates to "question". The poet poses a philosophical question – if a wife and a mistress pray to God (who loves us all equally) for exclusive love from the same man, whose wish will be granted?

Tovonana kudenga

Mwari ndovemunhu wose?
Mwari unoda maHedheni?
Mwari unoda maKristu?
Mwari unoda maHindu?
Mwari unoda zveChivanhu?
Mwari unoda maIslam?
Mwari unoda maBhudha?
Mwari unoda maJudha?
Mwari unoda veZvomweya?
Ko vasina zvavanotenda?

Tovonana kudenga!

A poem emphasizing that despite our religious beliefs, we are one and God loves us all. "Tovonana kudenga" directly translates to "See you in heaven".

Kudzika midzi

Unosvikepiko uchizviita mutogwa?
Unofara seiko kana moyo wakasungwa?
Nenhawu yokuti uri kungotongwa
Uri ruva rakabva musango, wakadzugwa
Yeuka une ganda gobvu semba yakadzugwa

Pauri kurarama zuva nezuva
Nyangwe une tariro yokudzokera kumusha
Nyangwe uchinzi uri mupoteri
Nguri haimiriri munhu, mangwana unofa
Gadzirira rufu, ndiyo yoga zhira
Yokurangarira kudekara zuva nezuva
Rangarira kuti, zvirokwazvo nyika ino muridzi mumwe
She wedenga akasika denga nenyika
Miganhu panyika yakatagwa navanhu
Tichafa tose tigopasiya pano
Ramba kurarama senhapqwa kwauri ikoko
Ramba kubatirigwa pauri ipapo
Sununguka souri mumba mamai vako
Faranuka souri mumba mababa vako
Nokuti uri panyika pakasikwa naBaba vako

Ita zvawanga uchaita uri kumusha kwako
Usaita zvakashata havazezi kutanda
Havazezivo kukukanda muchitokisi
Ita zvakanaka kuti ukure nokutandavara
Kungava kuvakisa imba kana kutanga bhizimusi
Kungava kuvhura muromo uchivonesa vamwe mafungiro ako
Kana kundoredza hove zvaunofarira kuita wakatandara
Pombonoka mwanawe nguri haimiriri munhu
Wakadzugwa musango kasi nhambo yakwana
Chidzika midzi, utange kukura.

"Kudzika midzi" translates to "the establishment of roots of a growing plant". The poet explores further the analogy of displaced people to plants uprooted from their natural habitat. She encourages immigrants in the diaspora to live their lives fully in the here and now, to feel at home wherever they are, in order to become grounded again, and thus start growing.

Chitende

Nhasi pano patsikwa naChitende
Chisikana chino mutinhimira wechitende
Chinotekenyedza namashoko ehamene
Chichinyangadza vanhurume mbgwende
Namashoko anogwadza setsvodi yedendende
Nokuti hachipedzeri nguri muchibhende
Vanoshungurudza chinoti march ende
Go! Misarinya dokorobhai nezvidhende
Hamusvodi kutundira pachena mazifende
Muchirova nokupa vakadzi mavende
Isu vanhukadzi toda kurezvewa kwete fukunde
Ngatisaita zvokutamba chivande vande
Nokuda kwenyu, moyo yedu ava mamvemve
Vari kumhepo vachakurangai netsekwende
Mugoita munyama kubaqhwa negwembe
Hameno henyu kana muri mazifende
Muchashoshewa zvose nomumachende
Musachitongesa ichi hachikendenge
Chizukuru chokwaMazvihwa, muchitende
Chinogona kuraira kudarika madzitete
Kuzviwa mazvihwa, chapedza hacho Chitende!

"Chitende" is a Shona word for calabash or gourd, which is used on percussion instruments in Africa as an amplifier. Mbira, Hosho and Marimba are Zimbabwean examples of such instruments. Ironically, percussion is a musical instrument that is sounded usually by being struck with a beater.

The poet was nicknamed "Chitende" by her paternal grandmother, for being an outspoken child. Her outspokenness in a society where women were conditioned to be submissive, was indispensable music to her feminist ears. Unfortunately, women who challenge the patriarchy are susceptible to misogyny, an unpleasant plight the poet has had to fight time and time again. Misogyny, as she learnt the hard way, is not simply the hatred of women; instead, it's about controlling and punishing women who challenge male dominance. It rewards women who reinforce the status quo and punishes those who don't.

A calabash or gourd is also a traditional multipurpose household item treasured in Africa. As an impenetrable item, its uses range from storage of clothing, food, drinking water and tea. In some African cultures, it was traditionally used a symbol of wealth. In this poem, Chitende's impenetrable and resilient character amplifies the discontent of women brought by abuse, social conditioning and inequality.

Zvadzugwa Musango vhunzurudzo:

Mupesvi: Chinyiko chinombohi detembo? Huye chiiko chinenge chichimboitika pamunodetemba?

Nyanduri: Detembo ndinovona semafungiro akadzama asingabudi mukubgwereketa kana mukunyora ngano. Detembo runodova rungano gwakanyogwa seguyo asi pasina vurimbo bgwemashoko anozadzikisa kuti ngano yacho irebe. Kushaikwa kwevurimbo kasi nyaya ichibuda zvakanaka ndiko kunodzamisa fungwa dzanyanduri paanenge achidetemba. Nyanduri anofanira kufunga mashoko akasimba kuti nyaya yake angoiti ga ga ga, asi achisiya vanoihwa vagutsikana. Detembo rinogona kubata zvakasiyana siyana mumararamiro edu, mudzimba, kumabasa nomunharaunda matinenge tichirarama. Naizvozvo, hakuna anoshaiwa detembo rinomuyevuchidza zvakamboitika kana kuti zviri kutoitika kwaari kana kuti kumunhu waanoziva. Ini ndinofarira kuteteresa munhetembo dzangu zhinji, ndichiraira nokuvonesa vamwe zvakanaka nezvakaipa. Sokuti, dzimwe nhambo, munhu anogona kunge achishunguridziwa kasi asingadozivi kuti ndizvo zviri kuitika, nemhaka yokuti chivanhu nechitendero zvinotifundisa kuregerera zvose zvose nokugomera tiripo tichitendedza mharapatsetse kutitonga nokutishungurudza. Tsika nechitendero zvinhu zvakanakisa, asi tinofanigwa kuziva muganhu kuitira kuti kana zvinhu zvashata tibve pazviri. Kudetemba kwandinoita ini ndingakufananidzavo nokunyora zviri kutsi kwomoyo wangu mudhayari risingarabgwi navamwe, saka mafungiro angu omene huye akakosha chose kwandiri. Chinohoitika kana ndapedza kudurura fungwa mudhayari muya ndechokuti ndinozorunga mashoko abuda nezvidavado zvakasiyana siyana, kuti agashirike. Dzimwevo nhetembo dzinongobuda dzakatorungwa dzakatsvukira, pasina chokuwedzera kana kubvisa padziri.

Mupesvi: Iri zvaririro gwaro renyu rokutanga, chii chakaita kuti mude kurinyora?

Nyanduri: Kwenguva yakareba fani ndine zvinhu zvandaicherechedza mukurarama ndichingofunga kuti zvinoda kunyogwa izvi. Ndinovona zvidzidzo zvizhinji mumararamiro atinoita, saka ndakangovona zvakanaka kuti ndidhlidzane ruzivo ugu nevana vanyamunhu. Ndine matauriro andinoita anosetsa hama neshamwari, saka vari pedo neni vaingogara vachindikurudziravo kunyora. Mumoyo mangu ndaingofunga kuti handizvikwanisi. Ndakazotanga kudzidzira kunyaradza fungwa, kwatinoti *"meditation"* muchirumbi. Kunyaradza fungwa kunondiqhwededza pedo naMwari huye kunorodza *"creativity"* yangu. Ndakangovona mahwi ondisona achida kunyogwa, pandakatanga kugona kunyaradza fungwa.

Mupesvi: Zvakakutorerai nguva yakareba zvakadii kunyora gwaro iri?

Nyanduri: Mwedzi mishoma shoma. Ndakanyora nhetembo zhinji panguva fupi chose huye ndichiri kungonyora, kasi ndakashara dzinoita makumi manomwe anamashanu enhetembo dzandaida kuisa mugwaro iri. Ndaingoti ndikanyaradza fungwa mamwe mazuva, ndaiita sendosutsiwa, ndobudisa nyangwe makumi maviri enhetembo musi umwe. Ndaihodzokera hangu kunodzirunga nokudzirudza, ndichifana kuvunganidza dzimwe.

Mupesvi: Ko iro zita rokuti "Zvadzugwa musango" rinoreveiko?

Nyanduri: Ndiri murimi wemaruva akakosha anobva kunyika dzakasiyana siyana. Chandakadzidza mukurera maruva nemiti yangu ndechokuti zvinhu zvakadzugwa mumasango zvine murimo wokushongedza zvivazhe, asi isu varidzi vezvivazhe tinokangamwa kuti zvivazhe zvedu zvinevhu rakasiyana nere musango. Kuti maruva awa ararame, anotoda kuti awane zvaaiwana ari musango. Sokuti ndikawana gavakava raikurira mujecha pedo naparuware, pandinoridzvara mugaba, rinotoda ivhu rakawanda jecha namabgwe anoritsigira kuti rihwe sokuti richiri musango. Kana raiwana mvura shoma musango, nenivo ndorinyima mvura. Saizvozvi ndinovona sokuti maZimbabweans ose ari kugara mu*"diaspora"* maruva akadzugwa musango. Naizvozvo haafaniri kukangamwa kwaakabva, kuitira kuti ararame zvakanaka kunzvimbo tsva dzatava idzi.

Mupesvi: Gwaro iri rakanyogwa nomutauro wechiKaranga. Mungativhenekeravo here zvinangwa zvenyu takanangana naizvozvo?

Nyanduri: Ini ndiri muKaranga anodada nemutauro wechiKaranga. Ndinodavo kuvona chiKaranga chakanyogwa mumagwaro kuti chisatsakatika. Ndinovona sokuti vana veZimbabwe tanyanya kupindwa nechizvino-zvino chinoita kuti tiyeve mitauro yavamwe tichisvoda kutaura neyedu. Kana tichidai tiri kusimbisa hunhu wevamwe asi tichirasha bgwedu.

Mupesvi: Zvamunonyora munhetembo dzenyu zvinhu zvakadoitika here kana kuti kungozviumbavo henyu mumusoro menyu? Mungatipavo mienzaniso?

Nyanduri: Hon'o pane zvakaitika kwandiri, zvimwevo inyaya dzandinongohwavo dzichitaugwa, dzondibaya moyo, zvobva zvakushidzira simba rokunyora pamusoro pazvo. Dzimwe nhambo ndinongorangarira shoko rechiKaranga rinondinakidza, ndodoritsvakira nyaya, kuitira kuti ndidzidzise vamwe shoko iroro kuti risatsakatika. "Unovuya riini" idetembo rinochemera hanzvadzi yangu yakarovera Joni. "Yasvotoka" idetembo rinochema kubva kwepamuviri. Izvi zvinhu zvakaitika kwandiri nedzimwevo hama dzangu dzepedo. "Gomarara" idetembo rekupfidzisa kunoita chigwere che*cancer*, chakatora mai vangu nedzimwevo hama neshamwari dzepedo. Kunozoitavo nhetembo dzakaita sa"Ngwavaira", "Pfumvu" kana "Dhara rechirungu", nyayavo dzavamwe idzi dzinenge dzakandibata moyo. Nhetembo dzakaita sa "Makodo", "Itii pqwe", na"Gashirayi nareti" dzakatanga namashoko anondinakidza andakahotsvakira nyaya nedzidziso.

Mupesvi: Kuvona kwangu, munenge munofarira kunyora zvekodzero nokushunguridziwa kwemadzimai, ndizvo here?

Nyanduri: Hon'o nyaya yokudzvanyirigwa nokushunguridziwa kwamadzimai yakakosha zvikuru kwandiri, nokuti ndiri munhukadzi huye ndine mwanasikana achazovavo mudzimai. Ndinovona sekuti matambudziko mazhinji atinosangana nawo takura kudai anobva mumareregwo atakaiqhwa. Deno zvaigona kuti tidzidzise vana vedu vachivadoko kuti tibatane zvakanaka, tikure takainzana, matambudziko ariko ekudzvanyirigwa nokushunguridziwa kwamadzimai aisawanikwa. Dzimwe nhambo kushunguridziwa nokudzvanyirigwa kunoita kuti fungwa dzavanhukadzi dziite sokuti dzadotamba nevana, vamwe vachidohopedzisira voinda kunorapigwa kuzvipatara zvakafanana nana Ngomahuru kana Ingutsheni. Zvinonditsamwisa zvikuru kufunga kuti chisikwa chaMwari chinokwanisa kugofa gofa chimwe chisikwa kusvika pakuchigwarisa kudero. Hasha dzangu dzinobuda panyaya iyi munhetembo dzakaita sa"Murume itsikidzi" huye "Dhinhiwe shavi raManyuchi". Nhetembo idzi dzinodzidzisavo vasingazivi kuti hunhu hwevashungurudzi hwakamira sei chaizvo, huye kuti ashungurudziwa wacho anozopedzisira amiravo sei.

Mupesvi: Zvii zvimwe zvingaiqhwa kuti zvokushungurudzana zvitapudzike, kuzhe kwamarerego avana, nokuti dambudziko iri ririkutonetsa iko zvino muvanhu vatokokura?

Nyanduri: Ndinovona sokuti iyesu vanhukadzi tikabatana mukuremekedzana nokuitirana zvakanaka tinokunda. Parizvino madzimai tinokwikwidzana, kusvorana, kusekana, kutorerana varume, nezvimwe zvakadero. Tinokunda seiko kana isu pachezvedu tichishunguradzana? Isu vanhukadzi tikaramba tichiita izvi tiri kusimbisa vanhurume vari kutidzvanyirira nokutishungurudza. Tiri kukushidzira yatinoti *"divide and conquer"* muchirumbi. Mavonero angu ndookuti vanhukadzi vane zviito zvinogwadzisa vamwe vakadzi vari kudivi ravanhurume muhondo yekodzero. Munhetembo dzinoti "Makeke asina kirimu", "Makanaka makadero" huye "Mwadhi kumwanasikana" ndinobata bata nhau iyi. Mudetembo rinohi "Dhemeti" ndinovunganidza madzimai ose kuti tibatane tiwisire pasi kubatirigwa.

Imwevo zhira yatingagona kuzvibetsera nayo ndeyokuramba kupa korona kuvanhurume vane hunhu hunosembura. Kana munhurume achikubata zvisina kunaka iwe woramba uchimubata samambo, hakuna zvazvinobetsera. Pakadero zvakanaka kungobuda pachena kuti ini ndiri ngosikadzi huye handihen'o. Nhetembo dzkaita sa"Shewe", "Jakarasi", "Ndapinda machena naVhudzijena" huye "Korona" dzinobata nyaya iyi.

Nyanduri: Imi somupesvi, makadzvivonavo sei nhetembo dziri mugwaro rino?

Mupesvi: Ummnn, Nyanduri, nhetembo idzi ndodziya mbare dzokumusana dzakarebgwa navakuru vakainda. Ndakadzidza zvizhinji. Ndakati kudzidza, ndikati kuyevegwa. Panhetembo zhinji ndaitowana pane vanhu vandinoziva vakawanda chaizvo varimo. Ndatomirira kuti vanasikana vangu vakure uye vakwanise kuzviverengeravo denhe rezivo iri.

Nyanduri: Mune nhetembo nhatu dzamakanyanya kufarira here, huye nemhaka yei?

Mupesvi: Ko mafungireiko kundigozhesera zvakadai nhai Nyanduri? Ndodohwa somunhu wahi shara mwana waunoda kudarika vamwe pavana vako. Zvisinei hazvo, regai ndimbozama. Ndotangira panaJakarasi. Detembo iri rakarukwa richishandisiwa zvidavado zvakawanda chose zvokuti ndinongoyeva ndichikathlamara kuti zvakauya sei kwamuri Nyanduri. Detembo iri rinoti kusetsa, rigoti kudavirana kwamashoko ekuguma kwemitsara, rigoti kushoropodza murume benzi, haa, hazvibviri kani. Ndozoinda panaDzikirira. Madzikirira anondishanyira kana ndikavata namanhede. Nyaya iri mudetembo iri inobva yandifungisa madzikirira. Panguva yokubaqhwa naro, ndinohwa kuthla kusingabviri, bva kana rainda kana kuti ndamuka zvinobva zvatanga kundisekesa. Chero ukatarira marongegwe akaiqhwa mitsara yakashandiswa padetembo iri unotomboitavo kadzikirira kaduku uchiverenga. Ndinopedzisira naRurimi gwamai. Nyaya yendimi dzedu savana vemuZimbabwe, huye muAfrica yose yakaoma. Zvinohi kana uchida kuparadza rudzi unongonanga kuparadza hunhu hwerudzi gwacho. Hunhu hwedu hwakapfekegwa mumitauro yedu naizvozvo kufa kwemitauro yedu ndokufa kwendudzi dzedu, tongozosara tava vanhu vasine midzi, vanongotevera kwavanorobgwa matumbu sembeva. Saka nyaya yenyu yokutikurudzira kudzidza nekuchengetedza ndimi dzana mai vedu iri pasi pebgwendefa yomoyo wangu chaipo.

Nyanduri: Ndinofunga kuti ndimi vokutanga kunyora muchiperetera rurimi gwechiKaranga mumagwaro enyu. Pandakarava gwaro renyu "Mazai eMheni" ndakahwa kukurudzigwavo kunyora ndichishandisa chiKaranga. Munoti kudini kune vanyori vamangwana panyaya iyi?

Mupesvi: Chokutanga ndingati handinipi ndakatanga kunyora ndichiwanza mutaurire wechiKaranga bodo. Mukatarira maBhaibheri ekutanga ainyogwa nechiKaranga, vachidoshandisa chero vana "**X**" chaivo. Zvisinei, ini ndakazopindavo ndichinyora sokuhwa kwandinoita kuti pave nokuchengetedza matauirigwe echiKaranga ndichishandisavo mabhii akaita sana "**Q** na **L**". Kune vanyori vamazuvano navamangwana, ndinoti sunungukai kunyora semataurire amunoita. Izvi zvakakosha chose mukuchengetedza dzimwe dzetsika dzedu dzakanaka. Chikorovonjo chakangwara hachitambiri kure nemwena wacho. Ndinofara chaizvo nokuziva kuti zvandakavona ndikaita zvakawanavo umwe akazvigashira nokuzvikururudziravo.

******************** **Magumo** ********************

Karanga word translation:

Bgwereketa – taura; speak
Bhizautare – bhasikoro; bicycle
Bodo – kwete; no
Chimugondiya – sipo yakaomarara; bar of soap
Chirumbgwana – chikomana; boy
Chisvo – reza; razor
Chituqhwani – chidhoma; ghost
Dzotiqhworesa – dzotitambirisa; they pay us
Dzungaira – tenderera; wander in circles as if lost
Fende – chapa; messy person
Fuko – gumbeze; shroud or blanket
Gakava – nharo; argument or debate
Godo – bvupa / hona / bhonzo / shanje / jerasi; bone / jealous
Gongi – pfambi; prostitute
Gonhi – musuwo; door
Gudza – gumbeze / jira
Gunzvenzve – chido chemoyo; lover / sweetheart
Gupfuche – munhuwi; bad smell / stench
Guvura – kumura / kurura; take off / peel off
Gwaro – bhuku; book
Hambautare – motokari; car
Handiguriyo – handisvikiko; I won't come there
Hanya – shungu; care / concern
Hausvodi – haunyare; are you / you are not ashamed
Kuchapfanya – kudyisa; eat greedily / gormandise
Kuchovora – kushanda; graft / work hard
Kudondo – kusango; bush / toilet
Kukangavira _ kutsvukira; colour of a ripening
Kukathlamadza – kushamisa; shocking
Kukoriwa – kudhakwa; drunk
Kumhura – kusvora; criticise
Kumonyorora – kutswinya; pinch / twist
Kunaya – kupora / kunaya; heal / rain
Kunyara – kuneta; exhaustion / tiredness
Kushongana – kusangana / kuita bonde; to come together / meet /

have sex
Kushoshewa – kuvaviwa; itch
Kusi – sikarudzi / nhengo dzezasi; genitals / sex organs
Kusvisvina – kusvipa / kutaura zvakatsetseka; eloquence / to speak fluently / to spit
Kuvangarara _ vutsinye / utsinye; merciless
Kuvungudza – kuridza mhere; to wail
Kwindima – kufundumwara; to be moody or sad
Mabagwe – chibage; maize or corn
Mabgwe – matombo; stones or crystals
Madekwani – manheru; evening / night time
Magadziko – magaro; buttocks
Magwiriri – ngonono; snore
Mangoyi – kiti; cat
Maqhwaqhwa – mafuta emhuka / magwambiza; animal fat
Marerego – marererwo; upbringing
Marokwe – madhirezi; dresses
Mavise – manwiwa; watermelons
Mhaka – mhosva / ndava; crime /reason
Misi – mazuva; days
Mosukurura – mosukurudza; rinse after a wash
Mukova – musuwo / gonhi; door
Mupesvi – mupepeti; editor
Murimo – chinangwa; purpose / reason
Musaiwisa – musaidonhedza; do not drop it
Mwadhi – tsamba; letter
Nareti – tsono; needle
Ndatendekwa – ndanongedzwa; I've been pointed at
Ndisvinyange – nditove; massage
Ndururu – rori; lorry / haulage truck
Ngoda – goridhe; gold / precious stone
Nguri – nguva; time
Ngwaudziwa – nyaudzwa; disturbed / annoyed (usually by noise)
Ngwavaira – nhamo; misfortune / calamity
Nhambo – nguva; time
Nhapqwa – musungwa; prisoner
Nhire – nhinhi; stubborn
Nhovo – rukukwe; mat (which is used as a bed)

Nhubu – svunu / svinu; sociopath
Njapisi – fambi / pfambi / mahure; loose / flirtatious women / prostitutes
Nyamasase – Nyamatsatsi; venus / morning star
Nyangwe – chero; any / whatever / even if
Ragukuchigwa – rapakatwa; clench
Richitsvetsva – richinyenga; asking out / courting
Rudza – pepeta; winnow / edit
Ruvazhe – chivanze; yard
Svoda – nyara; to feel embarrassed or ashamed
Svukukuviri – tsukukuviri; two-headed snake
Thlapanika – chivirika / changamuka; wake up / be proactive
Vazva – kuvavisa; to make bitter
Vutsanzi – utsanzi / chiti / unyanzvi; ingenuity / being innovative
Yakafunhigigwa – yakavharwa; closed with a lid
Zvohumwi – zvoitwa sei; what shall we do

www.ingramcontent.com/pod-product-compliance
Lightning Source LLC
LaVergne TN
LVHW041639060526
838200LV00040B/1637